人工智能技术丛书

A First Course in Deep Learning
深度学习基础教程

赵宏 ◎ 主编

于刚 吴美学 张浩然 屈芳瑜 王鹏 ◎ 参编

机械工业出版社
CHINA MACHINE PRESS

图书在版编目（CIP）数据

深度学习基础教程 / 赵宏主编. -- 北京：机械工业出版社，2021.7（2024.11 重印）
（人工智能技术丛书）
ISBN 978-7-111-68732-0

I. ①深… II. ①赵… III. ①机器学习 - 教材 IV. ①TP181

中国版本图书馆 CIP 数据核字（2021）第 140992 号

深度学习是当前人工智能领域的热点。本书根据高等院校理工科专业学生的学习需求，介绍深度学习的相关概念，培养学生利用基于各类深度学习架构的人工智能算法来分析和解决相关专业问题的能力。本书内容包括深度学习概述、人工神经网络基础、卷积神经网络和循环神经网络、生成对抗网络和深度强化学习、计算机视觉以及自然语言处理。

本书可作为高等院校理工科相关专业深度学习、人工智能等课程的教材，也可作为技术人员的参考书或自学读物。

出版发行：机械工业出版社（北京市西城区百万庄大街 22 号　邮政编码：100037）
责任编辑：朱　劼　　　　　　　　　　　责任校对：马荣敏
印　　刷：固安县铭成印刷有限公司　　　版　　次：2024 年 11 月第 1 版第 3 次印刷
开　　本：186mm×240mm　1/16　　　　印　　张：12
书　　号：ISBN 978-7-111-68732-0　　　定　　价：59.00 元

客服电话：(010) 88361066　68326294

版权所有·侵权必究
封底无防伪标均为盗版

PREFACE

前　　言

随着互联网与大数据时代的来临，人工智能技术已经成为当前科技发展的重要组成部分，并在工业智能制造、农业自动化生产以及商业贸易与金融宏观调控等领域得到广泛应用。基于人工智能技术的各类产品已经渗透到我们的生产、生活、教育、娱乐、医疗等各个方面，并逐渐改变着人们的思维习惯和行为方式。可以说，人工智能技术的发展与推广对人类社会的影响之深远是前所未有的。

在当前的人工智能研究领域中，深度学习（Deep Learning）是一项备受关注的关键技术，并已成为热点话题。深度学习属于机器学习范畴，是构成复杂人工神经网络结构的要素。从单纯的技术角度来看，深度学习中的"深度"是指所配置的人工神经网络模型中的隐含层在纵向有较深的结构。研究表明，人工神经网络的深度直接决定了它刻画现实问题的能力，因为只有复杂的深层神经元组合才能够拟合出较为复杂的函数处理过程，从而得到有效的智能输出结果。当然，随着时间的推移和人工智能技术的发展，深度学习也将被赋予更广泛、更丰富的内涵。

深度学习不是一个孤立的概念，它与人工神经网络技术息息相关。因此，要深入了解深度学习的原理与运行机制，需要先掌握人工神经网络的基本概念和内部结构等知识。卷积神经网络和循环神经网络作为深度学习中的两大类基础深度神经网络架构，就是从传统的人工神经网络结构衍生而来的。深度学习在各个关键领域的应用，如智能决策、计算机视觉以及自然语言处理等方面，是在这些基础深度神经网络架构之上，针对不同应用场景的数据规律与问题特征，做了进一步的网络架构整合与创新。

深度学习是一个比较新的概念。随着新技术的不断涌现，深度学习涉及的很多概念的内涵和外延也在不断突破和发展，其中的一些新观点、新见解尚未在学术界及产业界形成统一的认识，相关的理论体系还不是很完善，仍然在持续创新和演变过程中。然而，深度学习又是当前人工智能领域的关键技术，也是开发各类人工智能算法的核心要素。本书力图通过阐述深度学习所涉及的基本概念、运行原理与应用分类，使读者形成较为完整的关于深度学习相关概念的认知，从而为进一步研究和开发各专业领域的人工智能算法打下良好的基础。

本书根据高等院校理工科专业特别是新工科相关专业学生的学习需求，介绍深度学习的相关概念，培养学生利用基于各类深度学习架构的人工智能算法来分析和解决相关专业问题的能力。

全书共分6章，主要内容如下。

第1章"深度学习概述"主要介绍深度学习产生的历史背景及发展历程，并简述深度学习的基本概念及应用场景。

第2章"人工神经网络基础"介绍人工神经网络的理论抽象模型，并给出神经网络中的前向传播机制和反向传播机制以及基于反向传播算法的神经网络设计流程。

第3章"卷积神经网络和循环神经网络"介绍卷积神经网络和循环神经网络这两种深度神经网络架构的基本概念、内部结构、工作机制与主要应用场景。

第4章"生成对抗网络和深度强化学习"介绍生成对抗网络的博弈与训练过程以及强化学习的基本原理和Q-Learning算法，并给出与之相关的网络模型和框架。

第5章"计算机视觉"介绍计算机视觉的图像预处理、相关算法分析和特征提取以及目标匹配等原理，还给出图像与视频分类以及目标检测常用的深度学习网络结构。

第6章"自然语言处理"介绍自然语言处理中的词嵌入算法和注意力机制，阐述文本分类、自动文本摘要和自动问答的相关技术，并给出自然语言处理在应用领域的主要模型。

为了便于读者进一步理解和掌握深度学习的基本概念和应用方法，本书每章都配备了多种类型的习题和丰富的案例，读者可以通过练习和实践进一步掌握深度学习的相关知识，提升应用能力。

本书是教育部-华育兴业产学合作协同育人项目（2019年第2批）的成果，由南开大学计算机学院公共计算机基础教学部的老师和研究生结合多年的教学、项目实践经验以及当前理工科专业学生对深度学习的学习需求编写而成。在本书的编写过程中，得到了华育兴业公司和机械工业出版社的大力支持，在此表示真诚的感谢！

本书在筹备、编写过程中参考了国内外深度学习及人工智能领域的一些开放课程网站、书籍、论坛、博客、论文和开源资料等，在此一并向作者们表示感谢。由于编者能力和时间的限制，书中难免有不妥或错误之处，恳请同行和读者斧正，在此表示真诚的谢意！

作　者

2021年4月于南开园

目 录

前言

第1章 深度学习概述 …………… 1

1.1 深度学习的发展历程 ………… 1
1.1.1 深度学习的历史 ……… 1
1.1.2 深度学习领域的重要人物 ……………… 5
1.2 深度学习的关键技术 ………… 7
1.2.1 深度学习的机理 ……… 7
1.2.2 深度学习的三要素 …… 8
1.2.3 数据的特征 …………… 9
1.2.4 深度学习的主要模型 … 10
1.2.5 深度学习模型的训练过程 …………… 11
1.2.6 深度学习模型的学习方式 …………… 12
1.2.7 深度学习的常用框架 … 14
1.3 深度学习网络的发展脉络及应用领域 ………………… 18
1.3.1 深度学习网络的发展脉络 …………… 18
1.3.2 深度学习的应用领域 … 19

课后习题 ………………… 21
参考文献 ………………… 22

第2章 人工神经网络基础 ……… 24

2.1 人工神经网络的生物学基础 … 24
2.1.1 神经元的基本模型 …… 24
2.1.2 突触的结构 …………… 26
2.2 人工神经元模型 ……………… 26
2.2.1 人工神经元的数学模型 …………… 26
2.2.2 常见的人工神经元模型 …………… 30
2.3 人工神经网络模型 …………… 34
2.3.1 神经网络的基本结构 … 34
2.3.2 神经网络的分类 ……… 36
2.4 神经网络的前向传播机制 …… 39
2.5 神经网络的反向传播机制 …… 40
2.6 基于反向传播算法的神经网络设计流程 ……… 43
2.7 人工神经网络的参数优化问题 … 45
2.7.1 神经网络层数的优化问题 …………… 45

2.7.2 归一化指数函数 softmax……47
2.7.3 学习率……49
2.7.4 欠拟合和过拟合问题……50
课后习题……52
参考文献……53

第3章 卷积神经网络和循环神经网络……54

3.1 卷积神经网络……54
    3.1.1 卷积神经网络的基本概念……54
    3.1.2 卷积神经网络的结构……58
    3.1.3 卷积神经网络的常用架构……65
3.2 循环神经网络……72
    3.2.1 循环神经网络的基本概念……72
    3.2.2 循环神经网络的应用——语言模型……77
    3.2.3 循环神经网络的梯度问题及解决方法……80
    3.2.4 循环神经网络的改进……84
课后习题……87
参考文献……89

第4章 生成对抗网络和深度强化学习……92

4.1 生成对抗网络……92
    4.1.1 生成对抗网络概述……92
    4.1.2 生成对抗网络的基本原理……94
    4.1.3 几种改进的生成对抗网络模型……99
    4.1.4 生成对抗网络的应用……103
4.2 强化学习……106
    4.2.1 强化学习概述……106
    4.2.2 强化学习的决策过程……108
    4.2.3 Q-Learning 算法……111
    4.2.4 深度强化学习……112
课后习题……118
参考文献……119

第5章 计算机视觉……121

5.1 计算机视觉概述……121
    5.1.1 计算机视觉的历史……122
    5.1.2 计算机视觉的挑战与机遇……123
    5.1.3 计算机视觉常见的数据集……125
    5.1.4 计算机视觉处理的基本流程……130
5.2 图像预处理……131
    5.2.1 图像去噪……131
    5.2.2 图像归一化……133
    5.2.3 图像分割技术……134
5.3 计算机视觉常用的网络结构……136
    5.3.1 图像分类常用的深度学习网络结构……136

5.3.2　视频分类常用的深度
　　　　　学习网络结构·········140
　　5.3.3　目标检测常用的深度
　　　　　学习网络结构·········144
课后习题·························152
参考文献·························154

第6章　自然语言处理·············156
6.1　自然语言处理概述············156
　　6.1.1　发展历史··············157
　　6.1.2　自然语言处理的过程···158

　　6.1.3　基础技术··············160
　　6.1.4　词嵌入算法············162
　　6.1.5　N-gram 语言模型·······166
　　6.1.6　注意力机制············167
6.2　自然语言处理的应用模型······171
　　6.2.1　文本分类··············171
　　6.2.2　自动文本摘要··········175
　　6.2.3　自动问答系统··········178
　　6.2.4　触发字检测············181
课后习题·························182
参考文献·························183

CHAPTER 1

第 1 章

深度学习概述

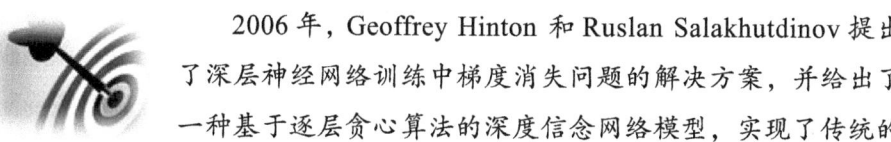2006 年,Geoffrey Hinton 和 Ruslan Salakhutdinov 提出了深层神经网络训练中梯度消失问题的解决方案,并给出了一种基于逐层贪心算法的深度信念网络模型,实现了传统的人工神经网络向深度学习的转变,关于神经网络的研究再次兴起。深度学习受到学术界和工业界越来越多的关注,这进一步推动了它的研究和发展,使其在搜索技术、数据挖掘、机器学习、机器翻译、自然语言处理、多媒体学习、语音、推荐和个性化技术以及相关领域都取得了很多成果,深度学习在当前社会的各个领域已经有了较为广泛的实际应用。

本章主要介绍深度学习产生的历史背景及其发展历程,并简述深度学习的基本概念、研究脉络及其在各领域中的应用。

1.1 深度学习的发展历程

1.1.1 深度学习的历史

1890 年,美国心理学家威廉·詹姆斯(William James)出版了《心理学原理》一书。该书详细地描述了人脑的结构及功能,为人们研究人工神经网络提供了生物学基础。1943 年,心理学家沃伦·麦卡洛克(Warren McCulloch)和数学家沃尔特·皮茨（Walter Pitts）参考生物神经元的结构，发表了论文"A logical calculus of the ideas immanent in nervous activity"，并在该论文中提出了抽象的神经元模型 M-P。图 1.1 分别为 Warren McCulloch 和 Walter Pitts。1949 年，唐纳德·奥尔丁·赫布（D. Olding Hebb）在此基础上提出了神经元的抽象数学模型。

1950 年，艾伦·图灵（Alan Turing）发表论文"计算机器和智能"，第一次提出了机器是否可以思考的问题。他提出的图灵测试也成为人工智能哲学的重要组成部分，即如何定义机器的智能、意识和能力等基础性问题。1956 年，在美国达特茅斯大学召开的学术研讨会上，科学家们讨论了关于机器智能的问题，并正式采用了"人工智能（Artificial Intelligence，AI）"这一术语。所谓人工智能，就是由人类设计的具有一定的"思考"和"意识"能力并应用于机器的算法。人工智能概念一经提出，就在全世界范围内掀起了研究热潮。机器学习（Machine Learning，ML）就是研究怎样使用计算机模拟或实现人类学习活动的科学，它是人工智能中最具智能特征、最前沿的研究领域之一。

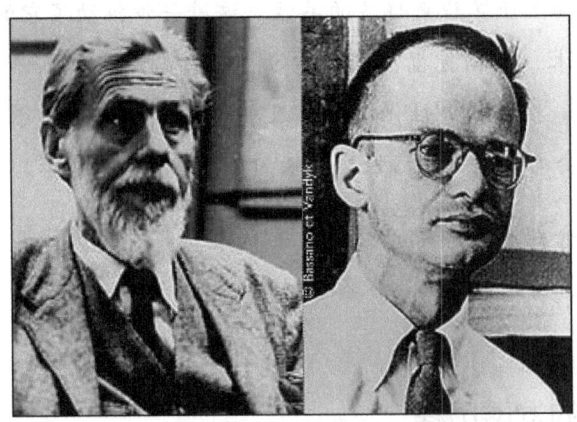

图 1.1　Warren McCulloch（左）和 Walter Pitts（右）

在人工智能领域，人工神经网络（Artificial Neural Network，ANN）简称神经网络，是一种提出较早的基于仿生学理念设计和开展的人工智能研究方向。1958 年，计算科学家 Rosenblatt 提出了由两层神经元组成的神经网络，他将这一结构命名为感知器（perceptron）。感知器是当时第一个有学习能力的人工神经网络。Rosenblatt

现场演示了感知器学习识别简单图像的过程,引起了轰动,这是机器学习的首次兴起。Rosenblatt 与感知器如图 1.2 所示。

1982 年,美国加州理工学院的优秀物理学家 John J. Hopfield 博士在总结已有神经网络结构和算法的基础上,提出了 Hopfield 网络模型。该模型的创新之处在于将神经网络视为一种动态系统,并运用物理力学的分析方法研究了神经网络模型的稳定性。在 1986～1988 年期间,以美国的 David E. Rumelhart 和 James L. McCelland 为代表的研究团队创作了《并行分布式处理》一书,该书基于感知器提出了多层感知器的反向传播算法(Back Propagation),简称 BP 算法。由此,神经网络从感知器结构开始,逐渐发展为包含一个隐含层的 BP 神经网络,这是机器学习的再次兴起并迎来了它的第一次浪潮(浅层学习),由此也开启了基于统计模型的机器学习方法。

图 1.2　Rosenblatt 与感知器

神经网络结构演化的历程如图 1.3 所示。

经典神经网络理论先天的缺陷是随着网络层数的增加,系统的计算量呈指数级别增长,同时前期信号经过多次衰减之后在后续层逐渐趋向为零。因此,早期的神经网络模型通常是只有一到两层隐含层的简单网络架构,无法实现带有更多隐含层的复杂网络架构。这样简单的神经网络结构无法分析较为复杂的现实问题,神经网络的研究也因此而长期停留在理论层面,鲜有实际应用的例子。

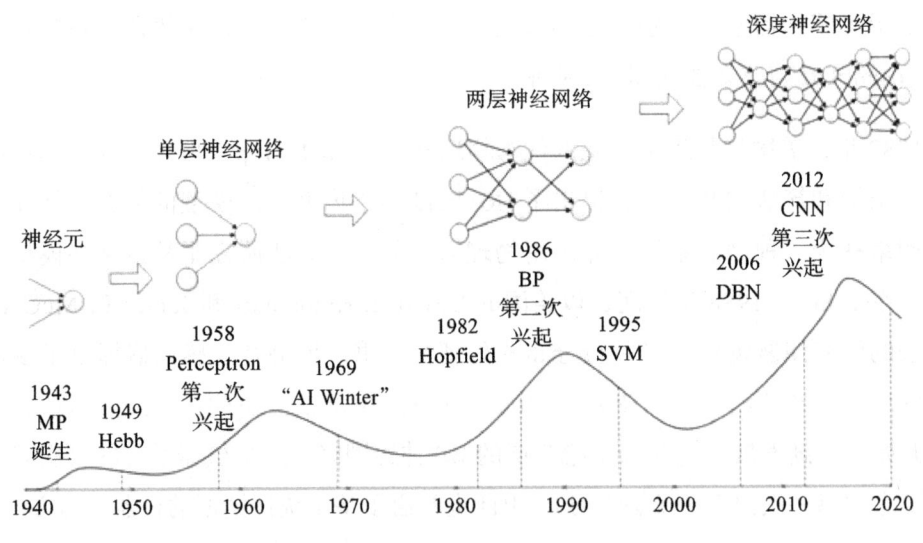

图 1.3 神经网络结构演化的历程

2006 年，Geoffrey Hinton 和 Ruslan Salakhutdinov 在 *Neural Computation* 上发表论文"A Fast Learning Algorithm for Deep Belief Nets"，提出了深层神经网络训练中梯度消失问题的解决方案，并给出了一种基于逐层贪心算法的深度信念网络模型。深度信念网络模型采用多个隐含层的深度结构来代替传统神经网络中感知器的单层结构，实现了由传统的人工神经网络向深度学习的转变。由此，机器学习迎来了它的第三次兴起和第二次浪潮，即深度学习（Deep-learning）。此后，深度学习得到了飞速发展。

由于深度学习模拟人脑的分层模型结构，具有很大的研究和应用价值，因此，美国国防部（Defense Advanced Research Projects Agency，DARPA）于 2010 年首次资助了深度学习项目，参与项目的有斯坦福大学、纽约大学和 NEC 美国研究院。2011 年以来，微软研究院和谷歌公司的语音识别研究人员先后采用 DNN（Deep Neural Network，深度神经网络）技术使语音识别错误率降低了 20%～30%，实现了语音识别领域的突破性进展，图 1.4 所示为微软小娜语音助手。2012 年，DNN 技术在图像识别领域也取得了惊人的成果，在 ImageNet（一个可共享的图像数据集）评测中将错误率从 26% 降低到 15%。2016 年 3 月，由谷歌（公司）旗下的 DeepMind 公司开发的 AlphaGo 与围棋世界冠军李世石进行了围棋人机大战，并以 4 比 1 的总比分获胜，标志着深度学习在决策相关的分支领域已经超过了人类的顶级水平。

图 1.4　微软小娜

深度学习中的"深度"实质上就是指所运用的神经网络模型中隐含层的层数较多（从神经网络的纵向来看）。当然，随着时间的推移和技术的发展，深度学习也被赋予了越来越丰富的内涵。其中，人工智能、机器学习与深度学习的关系如图 1.5 所示。

深度学习是机器学习的一种，而机器学习是实现人工智能的必经之路。深度学习的概念源于人工神经网络的研究，目前深度学习的结构就是含有多个隐含层的多层感知器的神经网络。

图 1.5　人工智能、机器学习与深度学习的关系

1.1.2　深度学习领域的重要人物

虽然人工神经网络早在 20 世纪中期就已被提出，但是一直发展缓慢。到 21 世

纪初，仅有 Geoffrey Hinton、Yann LeCun、Yoshua Bengio 为代表的少数学者仍在坚持研究神经网络。近年来，他们在此领域取得了多项重大成果，这不仅证明了深度神经网络的优势，也重新激发了学术界和工业界对神经网络的关注，进一步推动了深度学习的发展。因此，Geoffrey Hinton、Yann LeCun、Yoshua Bengio 三人共同获得了2018 年的图灵奖。深度学习领域的重要人物之间的关系如图 1.6 所示。

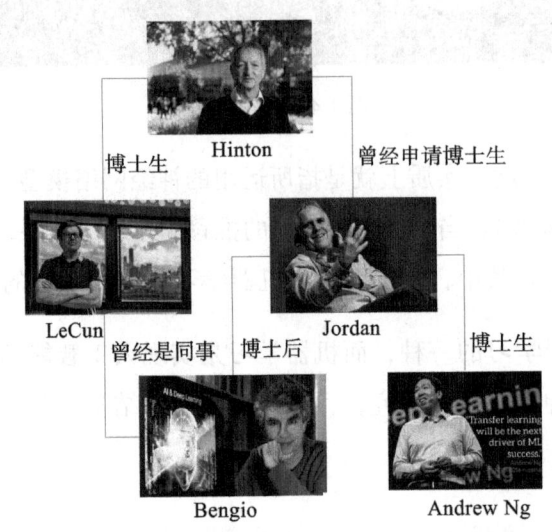

图 1.6 深度学习领域重要人物间的关系

- Geoffrey Hinton 是英国著名的计算机学家和心理学家。因其在神经网络方面的卓越贡献而被称为"神经网络之父"和"人工智能教父"。Hinton 是 BP 算法（反向传播算法）的发明人之一，也是深度学习的积极推动者。
- Yann LeCun 是一名计算机科学家，因其创立的卷积网络模型被广泛应用于计算机视觉和语音识别领域，他也被称为"卷积网络之父"。1988 年，Yann LeCun 到多伦多大学跟随 Hinton 做博士后。同年，Yann LeCun 加入贝尔实验室，研发了卷积神经网络。
- Yoshua Bengio 曾在 MIT 和贝尔实验室做博士后研究员，现在任教于蒙特利尔大学。Yoshua Bengio 教授发表了"Learning Deep Architectures for AI""A Neural Probabilistic Language Model"等 300 多篇论文，推动了深度学习的快速发展。

- Michael I. Jordan 被认为是人工智能领域的世界级泰斗和机器学习之父,他是加州大学伯克利分校电子电机和计算机系以及统计系教授、美国国家科学院/美国国家工程院/美国文理科学院院士。Jordan 教授在机器学习领域的重要贡献就是关于参数化模型和非参数模型的研究。
- Andrew Ng(中文名字是吴恩达)任教于斯坦福大学计算机科学系和电子工程系。他是 Michael I. Jordan 的博士生,也是目前国际上人工智能和机器学习领域的权威学者之一,在机器学习、机器人技术和相关领域发表了百余篇论文。

1.2 深度学习的关键技术

1.2.1 深度学习的机理

1981 年,美国神经生物学家 David Hubel 和 Torsten Wiesel 凭借其在视觉系统信息处理方面的发现获得了诺贝尔医学奖。他们的研究表明,在可视皮层中,视觉系统的信息处理过程是分级的,大脑在工作时是不断迭代更新、不断抽象的。人脑的视觉原理如图 1.7 所示。

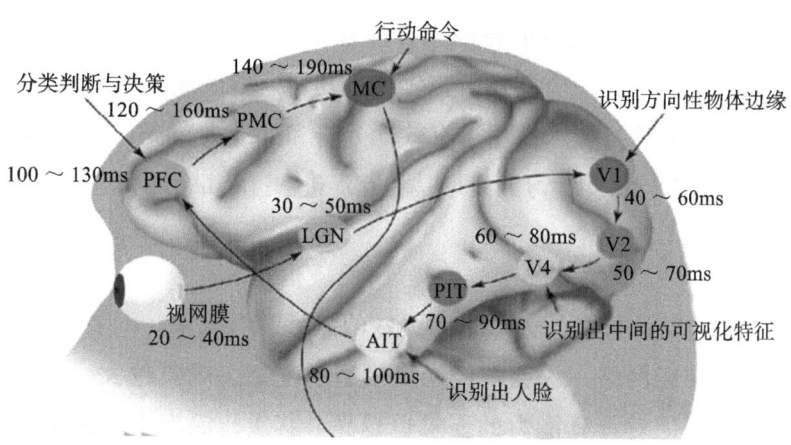

图 1.7 人脑视觉原理图

当人眼观察外界环境时，视网膜得到原始的视觉信息，并将原始图像信息发送到大脑皮层；大脑皮层 V1 区域的细胞针对得到的原始图像信息进行初步处理，抽象得到原始图像信息的低层特征，如边缘和方向等特征信息，然后将所得信息发送到大脑皮层的 V2 区域；大脑皮层 V2 区域的细胞针对得到的图像信息做进一步处理，抽象得到图像信息的中层特征，如轮廓和形状等特征信息；如此不断地迭代更新、不断地抽象，最终得到图像信息的高层特征，实现精确地识别图像信息。

深度学习的神经网络模型正是基于人脑的视觉原理建立起来的，它模拟了人脑的认知与表达过程，通过低层信号到高层特征的函数映射，实现了迭代更新，抽象出更多的特征信息，用于建立学习数据内部隐含关系的逻辑层次模型，从而提升了传统神经网络模型的性能。

1.2.2 深度学习的三要素

深度学习在今天能够得到迅猛发展，离不开大数据、计算能力和算法这三个要素。

1. 大数据

随着大数据时代的到来和快速发展，数据呈现出海量性、多样性、高速性和易变性的特点。在这样的应用背景下，如何对海量的、结构复杂的数据进行有效分析，挖掘其隐藏的规律，并让其价值得以充分体现和合理利用，成为亟待解决的问题。深度学习作为机器学习的一个重要研究领域，其快速发展离不开大规模训练数据集的支撑。同时，深度学习技术被用于有效地分析和处理大数据，也推动了大数据的发展。因此，大数据与深度学习的发展是相互促进、互为助力的。

2. 计算能力

深度学习基于统计科学，为了达到更好的深度学习效果，需要大规模训练数据集。首先，对于神经网络，深度神经网络模型越复杂、规模越大、训练数据越多，学习的效果越好，但对计算能力的要求也越高。其次，深度学习模型更新速度快。对于新模型，开发者需要根据实际问题反复调试，而强大的计算能力会大大缩短开发最优模型的周期。因此，计算能力是深度学习发展和应用的基础。随着计算机技术的发展，越来越高效的计算能力为深度神经网络模型的构建提供了有力保障。

3. 算法

算法的设计也是深度学习的核心要素之一。算法设计的优劣可类比于人类大脑的智慧程度，算法设计得越好，神经网络越复杂，"大脑"也越聪明，得到的模型越优。深度学习尝试通过建立规模更大、结构更复杂的神经网络来获得更好的分析效果。深度学习成为当前的研究热点后，越来越多的神经网络模型架构被提出，新的算法设计也层出不穷。目前，比较常见的算法包括卷积神经网络、循环神经网络、生成对抗网络、全连接网络结构、基于CNN的改进网络模型等。

1.2.3 数据的特征

机器学习，特别是深度学习，处理的往往都是大数据。机器学习就是让机器从大量的数据集中学习，进而得到更加符合现实规律的模型。如何有效地使用数据也是需要研究的一个重要方向。

1. 数据特征的基本概念

特征（Feature）是区分事物的关键，对事物进行分类或者识别实际上就是通过特征的表现进行判断。对于机器学习系统而言，特征就是数据中呈现出来的重要特性，特征是机器学习系统的原材料。但机器学习存在这样一个现象，即同样的模型、算法、软件、机器，甚至是相同的原始数据，最后训练得到的模型性能可能不一样。其中一个原因就是不同的模型选取了不同的特征。因此，特征是机器学习的基础，选择特征能够更好地帮助我们理解数据的特点，进而提升模型的性能。

2. 特征选择与特征提取

原始数据通常包含高维特征、许多冗余信息以及十分稀疏的信息。直接用原始数据来训练模型是低效的，一般需要通过特征选择和特征提取来解决这些问题。

机器学习本质上就是针对一堆数据进行统计学分析。从统计学的角度出发，特征选择与特征提取的目的是减少特征的数量，为后续的数据分析与处理提供便利。特征选择（Feature Selection）也称为特征子集选择，或属性选择（Attribute Selection），是指从已有的 M 个特征中选择 N 个特征，使得系统的特定指标最优，并将原始特征集合中的冗余特征和不相关特征除去，只保留有效特征。特征提取（Feature Extraction）是指利用已有的特征计算出一个抽象程度更高的特征集，即将原始特征进行一定的处理后，得到少而精的新特征。

特征选择和特征提取的目的是一样的，即试图减少数据集中特征的数目。这个过程也称为降维。但是两者采用的方法不同：特征选择的方法是从原始特征数据集中选择出子集，没有改变原始的特征空间；特征提取则是通过属性间的关系，如组合不同的属性得到新的属性，因此改变了原来的特征空间。

1.2.4 深度学习的主要模型

深度学习的深层学习与传统神经网络的浅层学习的主要区别有两点。首先，深度学习的神经网络模型结构的深度更深，而神经网络的层数直接决定了它刻画现实的能力，可以利用每层的神经元拟合更加复杂的函数过程。其次是便于实现特征学习，通过逐层特征变换，将样本在原空间的特征表示变换到一个新特征空间，从而使分类或预测更准确。

深度学习的基本模型包括卷积网络（Convolutional Neural Network，CNN）和循环神经网络（Recurrent Neural Network，RNN）等。

1. CNN

CNN 的基本原理是卷积运算。卷积运算是一种数学计算，可以实现稀疏相乘和参数共享，并且压缩输入端的维度。CNN 通常包括卷积层（Convolutional Layer）、线性整流层（Rectified Linear Units Layer，ReLU Layer）、池化层（Pooling Layer）和全连接层（Fully-Connected Layer）。目前已有学者构建了一系列卷积神经网络结构，包括 LeNet、AlexNet、ZF Net、GoogLeNet、VGGNet 和 ResNet 等。

CNN 可以处理大部分格状结构化数据（Grid-like Data）。例如，图片的像素是二维的格状数据，时间序列在等时间上抽取相当于一维的格状数据；视频数据可以理解为对应视频帧的宽度、高度、时间的三维格状数据等。CNN 在计算机视觉领域得到了广泛应用，主要用于图像物体分类和图像物体识别。

2. RNN

RNN 是根据"人的认知是基于过往的经验和记忆"这一观点提出的。它与 CNN 不同的是它不只考虑当前时刻的输入，而且赋予了网络对更早内容的一种"记忆"功能。RNN 具体的表现形式为网络会记忆前面的信息并应用于当前输出的计算中，即隐含层之间的节点是有连接的，而且隐含层的输入不仅包括输入层的输出，还包括上一时刻隐含层的输出。

RNN 在处理时间序列问题时的效果很好，但是存在梯度消失或者梯度爆炸的问题。针对这些问题也出现了一系列改进算法，如 LSTM（Long Short Term Memory）等。

RNN 适合处理需要考虑时间先后顺序的问题。RNN 常见的应用领域包括自然语言处理（NLP）、机器翻译/机器写小说、语音识别、图像描述生成、文本相似度计算、音乐推荐/商品推荐/视频推荐等。

1.2.5 深度学习模型的训练过程

1. 数据集的划分

对于原始数据集，在训练模型时，一般划分为训练集、验证集和测试集。

- **训练集**（Train Set）：用于训练和调整模型参数（模型 $f(x,\theta)$ 中的参数 θ 称为模型的参数）。
- **验证集**（Validation Set）：用来验证模型精度和调整模型的超参数（定义模型结构或者优化策略的参数）。
- **测试集**（Test Set）：验证模型对新样本的适应能力，即泛化能力。

2. 模型训练的基本步骤

第 1 步：数据预处理。通过数据采集获得数据集，对数据进行标注及扩充后，通常还需要进行数据预处理才能进行模型训练工作。数据预处理主要包括数据归一化（将各维度特征归一化到同一取值区间）和 PCA/ZCA 白化（降低输入特征的冗余性）等工作。

第 2 步：**正向传播**。将数据输入神经网络（每个神经元输入值加权累加后，再通过激活函数输出作为该神经元的输出值）的正向传播，得到模型的输出结果。

第 3 步：**计算得分的损失函数值**。将模型的输出结果输入损失函数（Loss Function），与期待值比较得到误差，从而判断模型对数据的识别程度（损失值越小越好）。

第 4 步：**反向传播**。通过对误差函数和神经网络中的每个激活函数进行反向求导，使误差最小来确定梯度向量。

第 5 步：**调整权值**。利用梯度向量来调整每一个权值，向模型输出结果使误差趋于 0 或收敛的方向调节。

第 6 步：**重复上述过程**，直到设定次数或损失误差的平均值不再下降，则模型训练过程结束。

3. 模型的验证

在训练模型的过程中，使用训练集进行训练。对于模型的性能，需要验证集和测试集进行验证和测试。训练的模型一般包括以下几种拟合情况。

- 拟合（Fitting）：该模型能很好地描述样本，并且有较强的泛化能力。
- 过拟合（Over Fitting）：该模型把数据学习得过于彻底，以至于把少量噪声数据的特征也学习到了，这会导致不能很好地识别测试数据，模型泛化能力差。
- 欠拟合（Under Fitting）：该模型没有很好地捕捉到数据特征，不能很好地拟合数据，模型无法区分样本。

1.2.6 深度学习模型的学习方式

机器学习可以让机器从大量数据集中学习到数据所包含的内在规律，其学习方式包括监督学习（supervised learning）、无监督学习（unsupervised learning）、强化学习（reinforcement learning）、弱监督学习（weakly supervised learning）、半监督学

(semi supervised learning) 和多示例学习 (multiple instance learning) 等。

- **监督学习**：利用已有的知道输入和输出结果之间关系的数据集训练得到一个最优的模型的过程。在监督学习中，训练的数据既有特征又有标签（label）。通过训练，让机器可以自己找到特征和标签之间联系的模型。在面对只有特征没有标签的数据时，模型可以判断出其标签。例如，已有大量男人和女人的照片，在训练模型前，已经为照片打了标签，即所有男人的照片被标注为男人、所有女人的照片被标注为女人。使用这些照片（数据集）训练一个能区分男女的分类模型。当把一个新的人物照片交给模型时，该模型就能告诉我们这张照片男人还是女人。

- **无监督学习**：不知道数据集中数据特征之间的关系，而是要通过学习得到数据特征之间的关系。可以说，无监督学习是让机器通过自学学会如何做事情。在无监督学习中，只是给定了一组数据，无监督学习的目标是发现这组数据中的特殊结构。例如，使用无监督学习算法会将这组数据分成两个不同的簇，这样的算法就叫聚类算法，如谷歌新闻使用无监督学习自动按照不同内容结构将新闻分成财经、娱乐、体育等不同的类别。

- **强化学习**：在没有人为指导的情况下，通过不断试错来提升任务性能的过程。例如，对于棋类游戏，算法并不知道棋手的下一步棋是对是错，不知道哪一步棋是制胜的关键，但是能知道结果是输还是赢。算法学习、记忆最后能赢的走法即可，以后不再走会输的走法。

- **弱监督学习**：标签的强弱指的是标签所蕴含信息量的多少。例如，对图片 A 标记一只猫并标记出这只猫所在的位置，对图片 B 仅标记该图片是猫的图片，那么对图片 B 的标记就是弱标签。弱监督学习就是通过已知数据和其一一对应的弱标签来训练一个模型，将输入数据映射到一组更强的标签的过程。例如，我们知道一幅图上有一个人，需要把人在哪里、人和背景的分界在哪里找出来，那么这就是由一个已知弱标签学习强标签的弱监督学习问题。

- **半监督学习**：一部分数据已有标签，另一部分数据没有标签，通过训练一个智能模型，学习已知标签和未知标签的数据，最后能够将输入数据映射到标签的过程。对于数据标记非常困难、只有部分数据被标记的情形，就是将监督学习和无监督学习相结合的半监督学习问题。

- **多示例学习**：在多示例学习中，训练集由一组具有分类标签的多示例包（bag）组成，每个多示例包含若干没有分类标签的示例（instance）。如果多示例包中至少包含一个正示例，则该包被标记为正类多示例包（正包）。如果多示例包的所有示例都是负示例，则该包被标记为负类多示例包（负包）。多示例学习的目的是，通过对具有分类标签的多示例包的学习，建立多示例分类器，并将该分类器应用于未知多示例包的预测。多示例学习的困难之处在于，每个多示例包含有若干示例，只有多示例包的标签是已知的，多示例包里示例的标签是未知的。

深度学习是机器学习的一个子类，深度学习的两种主要学习方式为自顶向下的监督学习和自底向上的无监督学习。

- **自顶向下的监督学习**：就是利用带标签的数据去训练。将输出结果的误差自顶向下传输，并根据梯度向量对网络模型进行逐层调整。基于最初得到的各层参数进一步微调整个多层模型的参数，这是一个有监督训练过程。在深度学习中，模型的初始值不是随机初始化的，而是通过学习输入数据的结构得到的。因此，这个初始值更接近全局最优，能够取得更好的效果。
- **自底向上的无监督学习**：就是从底层开始，一层一层地往顶层训练，采用无标签数据（也可以采用有标签数据）分层训练各层参数。由于模型能力的限制以及稀疏性约束，使得模型能够学习数据的内在规律，从而得到具有表示能力的特征。其过程是，从第 1 层开始，直到学习得到第 $n-1$ 层参数后，将 $n-1$ 层的输出作为第 n 层的输入，训练第 n 层，由此分别得到各层的参数。

常见的卷积神经网络就是一种监督学习方法，它在图像分类（如人脸识别）中应用非常广泛。生成对抗网络（GAN）是一种无监督学习方法，常被应用于图像生成。

1.2.7 深度学习的常用框架

深度学习框架是指集成了一系列机器学习算法的库。深度学习框架的出现大大降低了研究人员开发深度学习算法的难度，使研究人员可以专注于算法的结构设计而不是算法的实现过程。深度学习框架一般基于 C/C++ 或者 Python 语言,并支持 GPU 运算。部分框架支持分布式训练和调用,具有很强的可扩展性。随着深度学习的快速发展,涌现出一批优秀的开源深度学习框架,常见的有 Theano、Caffe、MXNet 等。不仅如此,国内外各公司也在深度学习领域提出了一些深度学习框架,如微软的 CNTK、谷歌的 TensorFlow 和 Facebook 的 PyTorch 等。常见的深度学习框架如图 1.8 所示。

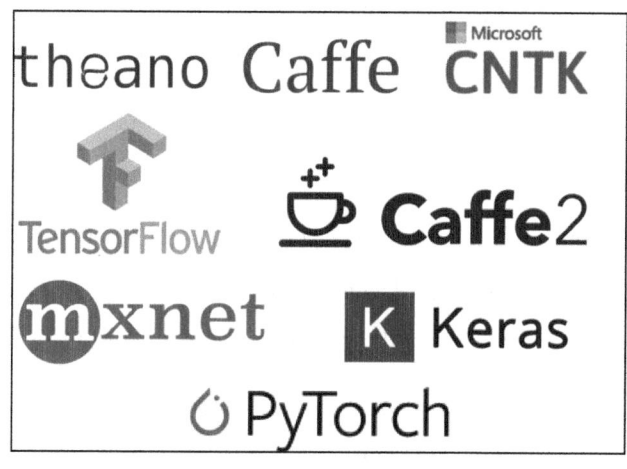

图 1.8 常见的深度学习框架

1. Theano

Theano 是蒙特利尔大学 LISA 实验室于 2008 年开始研发的深度学习框架,也是第一个较为成功的 Python 深度学习框架。Theano 是一个 Python 库,常用于定义、优化和计算数学表达式,在数据处理和重复计算复杂的数学表达式方面具有优势。但是由于 Theano 诞生于研究机构,设计的初始目的是服务研究人员,因此在工程设计上有调试难、建图慢的缺点,而且开发人员使用此框架的学习成本高。目前,Theano 已经停止研发。

2. TensorFlow

TensorFlow 是谷歌公司于 2015 年推出的开源机器学习工具,其底层是基于谷歌公司于 2011 年研发的 DistBelief 深度学习基础架构构建的,常用于机器学习和深度神经网络的研究。TensorFlow 的编程接口支持 Java、Python、Go、C++ 等多种语言，TensorFlow 还支持 Windows 7、Windows 10 等操作系统，而且可以运行在 Google Cloud 和 AWS 中，为用户将训练模型部署在各种服务器和移动设备上提供了极大的便利。TensorFlow 一经推出就获得了极大的关注，并迅速成为使用者最多的深度学习框架，广泛应用于众多领域。

但是，TensorFlow 的底层代码仓库庞大，给维护人员和研发人员带来了极大的挑战。而且，由于 TensorFlow 的更新速度较快，导致其兼容性较差。此外，TensorFlow 的接口设计复杂，说明文档缺乏条理性，也在一定程度上增加了使用者的学习难度。

3. Caffe/Caffe2

Caffe 是由伯克利人工智能小组以及伯克利视觉和学习中心共同开发的，其内核采用 C++ 编写，并支持 Python 和 MATLAB 接口。Caffe 在使用方面具有简洁快速的优点，但在扩展方面灵活性较低。由于扩展 Caffe 需要熟悉 C++ 和 CUDA 的使用，这也加大了 Caffe 的扩展难度。

Caffe2 是 Facebook 于 2017 年在 F8 年度开发者大会上发布的一款开源深度学习框架。它继承了大量的 Caffe 设计，在具备 Caffe 优点的同时，又在 Caffe 的使用和部署方面进行了优化。Caffe2 以性能、扩展、移动端部署为主要设计目标，追求轻量级，具有高扩展性、高便携性和高性能的优点。但是，Caffe2 官网未提供完整的说明文档，Caffe2 在安装配置和编译运行的过程中也时常出现问题，稳定性低于 Caffe。

4. CNTK

CNTK 是微软公司在 2015 年宣布开源的一款计算网络工具包。CNTK 具有极佳的图形处理单元（GPU）的能力，其性能优于 Caffe、Theano、TensorFlow 等主流工具，尤其在语音领域表现突出。但是由于 CNTK 的开发语言不够普及，使用者较少。

5. Keras

Keras 最初是作为 ONEIROS（开放式神经电子智能机器人操作系统）项目研究工作的一部分而开发的，后得到谷歌、微软、亚马逊等公司的支持。Keras 遵循"减少认知困难的最佳实践"的开发原则，使用 Python 进行编写，TensorFlow、Theano 和 CNTK 作为后端支持。Keras 的 API 简洁易懂，便于开发人员快速学习和使用。但是，为了屏蔽后端差异性，为用户提供一致的接口，Keras 进行了层层封装。这种策略在为用户提供便利的同时增加了获取底层数据信息的难度，降低了 Keras 开发的灵活性。

6. MXNet

MXNet 是一个深度学习库，支持 Python、C++、MATLAB 等多种语言，可运行在 CPU、GPU、集群、服务器、台式机和移动设备上。MXNet 在分布式性能和内存、显存优化方面明显优于其他深度学习框架，具有很强的可扩展性。但 MXNet 最初由一群学生开发，缺乏商业应用，极大地限制了 MXNet 的使用。另外，MXNet 长期处于快速迭代的过程中，但其使用文档未同步更新，这也增加了新用户的使用难度，新用户往往需要阅读源码才能真正理解 MXNet 接口的用法。

7. PyTorch

PyTorch 是 Facebook 人工智能研究院（FAIR）开发的开源 Python 机器学习库，具有支持 GPU、动态神经网络、Python 优先、命令式体验和轻松扩展等特性。它不仅能够实现强大的 GPU 加速，还支持动态神经网络。PyTorch 既可以被看作加入了 GPU 支持的 NumPy，也可以被看作一个拥有自动求导功能的深度神经网络。除 Facebook 之外，它还被 Twitter、卡内基梅隆大学和 Salesforce 等机构采用。

总之，根据框架完备性的不同，可以将深度学习框架分为两类：一类是以 Caffe 等为主的深度学习功能性平台；另一类是以 Keras 为主的深度学习抽象化平台。深度学习功能性平台提供了非常完备的深度学习框架，易学易用，简洁高效，便于开发人员的快速入门和使用。深度学习抽象化平台往往不具备底层的运算协调能力，通常依托其他神经网络模型进行底层运算，并在此基础上进行抽象化和训练中的流程优化，这种形式便于开发人员进行二次开发，具有很强的可扩展性。

随着深度学习的发展和对其研究的深入，将来还会有更多的深度学习框架出现。研究人员可以根据自身的需要，选择恰当的框架进行各类深度学习算法的应用及工程开发工作。

1.3 深度学习网络的发展脉络及应用领域

1.3.1 深度学习网络的发展脉络

自 2006 年被提出至今,深度学习已经在图像识别、语音识别、机器翻译、自动驾驶和自然语言处理等领域取得了突破性进展,大量具有实用价值的算法被提出并被不断改进,目前深度学习已经形成了若干分支研究方向。

深度学习的基本原理是利用多层神经网络对于输入的大量待处理数据进行分层特征表示,并进行必要的非线性变换以拟合复杂情况。经过大量训练数据的不断修正和调整,最终形成抽象、易于分辨的高层表示,进而发现数据内在的特征规律。

全连接神经网络(Fully Connected Neural Network,FCNN)是最简单的神经网络模型,它的数学原理是通过非线性函数的多次组合,实现输入到输出的复杂映射。卷积神经网络(CNN)多用于处理图像数据,通过权重共享机制可显著降低参数数量,缓解图片数据引起的参数过多问题。FCNN 和 CNN 均为前馈神经网络,即一个神经元的输出只取决于当前时刻的输入以及与该输入对应的权重参数,并不适用于处理时序数据。为了解决这个问题,循环神经网络(RNN)应运而生。RNN 通过使用带自反馈的神经元,可以处理任意长度的时序数据。长短期记忆网络(LSTM)也是循环神经网络的一种,主要用于解决简单循环神经网络中存在的长程依赖问题。此外,还有专门用于处理图结构数据的图神经网络(Graph Neural Network,GNN)等。

强化学习作为深度学习的另一个热点,其基本思想是通过模仿人类或动物学习中的"尝试与失败"机制,即运用智能体在与环境交互过程中获得的奖励来学习最佳决策行为。谷歌公司研发的 AlphaGo 将深度神经网络与强化学习(Reinforcement Learning)结合起来,实现了在智能对象与外界环境交互过程中根据结果优劣进行奖惩,从而自主学习最佳决策行为的机制,因此形成了既具有强大感知能力,又具有决策能力的深度强化学习(Deep Reinforcement Learning,DRL)。这些分支研究都立足于特定的应用环境,并不断进行优化和调整,构成了深度学习复杂而有魅力的新世界。

1.3.2 深度学习的应用领域

在大数据时代,如何从海量数据中挖掘有价值的信息成为亟待解决的问题。传统的数据分析方法和机器学习算法在海量数据面前都存在饱和问题,而深度学习凭借其在提取高维非线性复杂特征上的优势,推动了数据分析和内在规律挖掘的发展,给众多应用领域注入了新的活力。深度学习的主要应用领域如图1.9所示。

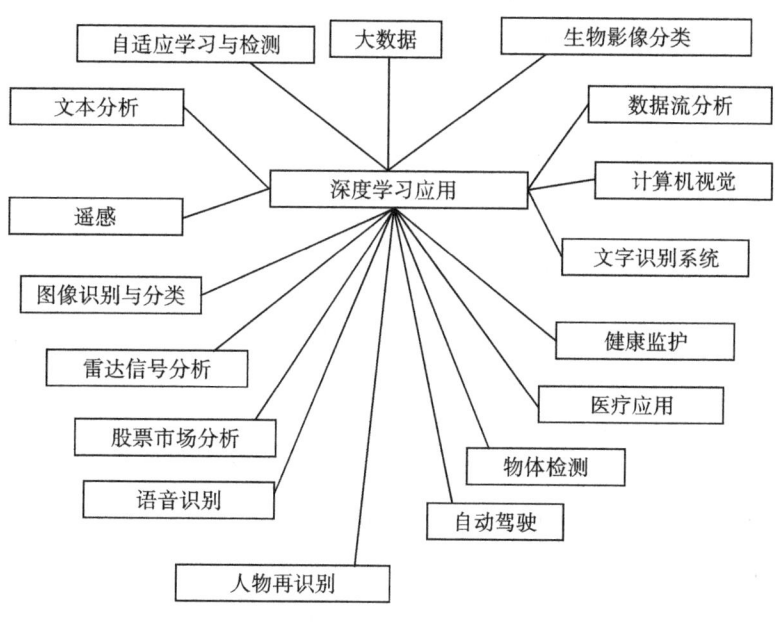

图1.9 深度学习的应用领域

在文本领域,深度学习已经广泛应用于情感分析、文本生成、语言翻译、聊天机器人等方面。例如,在某公司的点评算法中,通过利用深度学习对用户的评论进行情感分析,能够根据用户喜好来推荐商铺,实现了用户与商户的双赢。在机器翻译技术方面,有公司构建了长短时记忆的循环神经网络模型,依托自身大规模的网页库资源,深入语义理解层面对文本进行处理,提升了翻译系统的学习效率和译文的流畅性。

在语音领域,利用深度网络可以从数据中提取更多复杂且有效的特征。这些特征信息成为深度神经网络模型更有效的"学习素材"。通过利用深度学习技术,一批优秀的语音识别系统涌现出来。例如,苹果公司的Siri智能语音助手支持包括中文在内的20多种语言,可以和用户一起进行对话式应答,2016年,百度公司的语音识别准确率高达96%,这一成果也被美国知名科技期刊《麻省理工评论》(MIT Technology Review)评为"2016年十大突破技术"之一。

在图像领域,深度神经网络凭借其强大的特征提取能力和高精度的识别能力,在图像识别等图像领域取得了突出进展。例如,在生态资源研究领域中,深度学习不仅应用于识别动植物种类,提高了动植物分类识别的准确率,而且在动植物病害检测方面发挥了巨大作用;在司法取证领域的电子数据取证中,利用深度学习技术实现了从海量的电子数据中有针对性地筛选电子证据,提高了司法取证的数据筛选效率。

在医学影像学领域,传统的医学影像分析往往依赖于医生丰富的临床经验,其准确性和可靠性都得不到保障。计算机医学图像分析则根据预先定义的计算公式提取图像特征,再对这些特征进行数据分析。但临床上的影像特征是多样的,如果单纯运用预先定义的数据公式进行特征提取往往会导致漏诊和误诊。基于深度学习的数据分析方法则可以根据不同的影像学图像进行分类,并基于影像学大数据对特定疾病进行诊断和筛查。医学影像学已经进入到实用化阶段。例如,2020年,南开大学计算机学院程明明教授团队联合北京推想科技有限公司研发的新冠肺炎CT影像AI筛查系统,正确确诊率达到98.3%,正确排除率达到81.7%。该系统完成300张CT影像的病例计算只需10秒左右,已在国内医院应用部署,可辅助医生开展新冠肺炎的快速诊断、程度评估、病程动态监测等工作。

在汽车工业领域,自动驾驶技术因具有减少交通事故、避免交通拥堵、增加自主时间等优势,成为未来汽车工业的发展趋势。在自动驾驶技术中,最重要的是目标检测与识别技术。传统的目标检测与识别算法往往基于人为的特征提取,不具有广泛性和多样性。基于深度学习的目标检测与识别算法打破了这种局限,特征图不再局限于人为的特征提取,而是通过计算机利用深度学习的特征提取模型对图像特征进行提取。通过这些特征提取模型的层层提取,实现了特征提取的丰富性和全面性,进而提高了目标检测与识别的准确率。以深度学习算法为核心的自动驾驶路径判断示意图如图1.10所示。苹果公司于2020年下半年发布了智能汽车的业务轮廓,在传统汽车的基础上，从电池、座椅、中控系统等多个方面为汽车装上一整套智能系统。在这套智能系统中，用到了人工智能、深度学习等相关理论。苹果的智能汽车不仅具有无人驾驶能力，而且软硬件都将具有智能性，全方位提升了用户的使用体验。特斯拉公司已正式向美国部分车主推送了全新Autopilot自动辅助驾驶系统，这套系统包含自动泊车、自动辅助变道、自动辅助导航驾驶、智能召唤、识别交通信号灯和停车标志并做出反应，以及在城市街道中自动辅助驾驶的功能。可以说，以深度学习为核心算法的自动驾驶技术已经进入实用化阶段。

图1.10　自动驾驶路径判断示意图

课后习题

一、填空题

1. 从机器学习的模型结构层次来分，机器学习经历了两次浪潮：浅层学习和_____。
2. 深度学习爆发的三要素是：大数据、计算能力和_____。
3. 对数据进行降维处理的主要方法包括特征选择和_____。
4. 对于原始数据集，在训练模型时，一般要划分为训练集、_____和测试集。
5. _____是指集成了一系列机器学习算法的库。

二、选择题

1. 下面哪个层不属于深度学习模型?（   ）

   A. 输入层   B. 隐含层

   C. 判断层   D. 输出层

2. 下面哪种模型不属于深度学习常用模型?（   ）

   A. SVM   B. LSTM

   C. RNN   D. CNN

3. 下面哪个网络不属于 CNN 模型?（   ）

   A. GoogLeNet   B. LeNet

   C. ResNet   D. GRU

4. 有关 PyTorch 不正确的叙述是（   ）。

   A. 由 Facebook 支持与维护   B. 目前仅在实验室使用

   C. 支持动态神经网络   D. Python 优先

三、简答题

1. 简述人工智能、机器学习与深度学习之间的关系。
2. 深度学习的深层学习与传统神经网络的浅层学习的主要区别是什么？
3. 什么是监督学习和无监督学习？
4. 机器学习到什么样的模型是理想的模型？
5. 深度学习已被广泛用于哪些领域？

参考文献

[1] 余凯，贾磊，陈雨强，等.深度学习的昨天、今天和明天 [J].计算机研究与发展，2013，50(9)：1799-1804.

[2] 尹宝才，王文通，王立春.深度学习研究综述 [J].北京工业大学学报，2015，(1)：48-59. DOI：10.11936/bjutxb2014100026.

[3] 孙志军，薛磊，许阳明，等.深度学习研究综述 [J].计算机应用研究，2012，29(8)：2806-2810. DOI:10.3969/j.issn.1001-3695.2012.08.002.

[4] 岳永鹏.深度无监督学习算法研究 [D].成都：西南石油大学，2015.

[5] 祝军.基于深度学习模型的图像分类研究 [D].宁波：宁波大学，2015.
[6] 余滨，李绍滋，徐素霞，等.深度学习：开启大数据时代的钥匙 [J].工程研究——跨学科视野中的工程，2014，6(3)：233-243.
[7] 焦李成，杨淑媛，刘芳，等.神经网络七十年：回顾与展望 [J].计算机学报，2016，39(8):1697-1716.
[8] 陈云.深度学习框架 PyTorch：入门与实践 [M].北京：电子工业出版社，2018.
[9] 潘锋.特征提取与特征选择技术研究 [D].南京：南京航空航天大学，2011.
[10] 郭庆华，金时超，李敏，等.深度学习在生态资源研究领域的应用：理论、方法和挑战 [J/OL].中国科学：地球科学，2020，1-20[2020-11-11].http://kns.cnki.net/kcms/detail/11.5842.P.20200402.1652.004.html.
[11] 龚尚瑾，渠鸿竹，方向东.深度学习在医学影像学领域应用研究进展 [J].医学信息学杂志，2020，41(7)：40-43.
[12] 韩力群.人工神经网络理论、设计及应用 [M].2 版.北京：化学工业出版社，2007.
[13] 田启川，王满丽.深度学习算法研究进展 [J].计算机工程与应用，2019，55(22)：25-33.
[14] 张席瑞，朱容宇，邹林.浅析深度学习在司法取证领域的应用 [J].电脑知识与技术，2019，15(30)：284-285，292.
[15] 王诗瑶.基于深度神经网络的事件实时处理系统 [D].北京：北京邮电大学，2017.

CHAPTER 2

第 2 章

人工神经网络基础

神经网络可以分为两类：一类是生物神经网络，一类是人工神经网络。生物神经网络是指生物的大脑神经元、细胞、触点等组成的网络，是生物用于产生意识、思考和行动的神经网络。人工神经网络是指通过模仿生物神经网络建立的分布式并行信息处理的数学模型。人工神经网络作为人工智能领域的研究热点，已开始快速发展。人工神经网络是学习和研究深度学习的基础。

本章介绍人工神经网络的生物学基础和人工神经元的理论抽象模型，进而给出人工神经网络的构建方法，讨论神经网络中前向传播机制和反向传播机制两个重要技术，并介绍基于反向传播算法的神经网络的设计流程，最后讨论人工神经网络的参数优化问题。

2.1 人工神经网络的生物学基础

2.1.1 神经元的基本模型

构成人类大脑的基本单位是神经元。一个神经元是由细胞体、树突、轴突和突触四部分构成的，神经元的基本结构如图 2.1 所示。

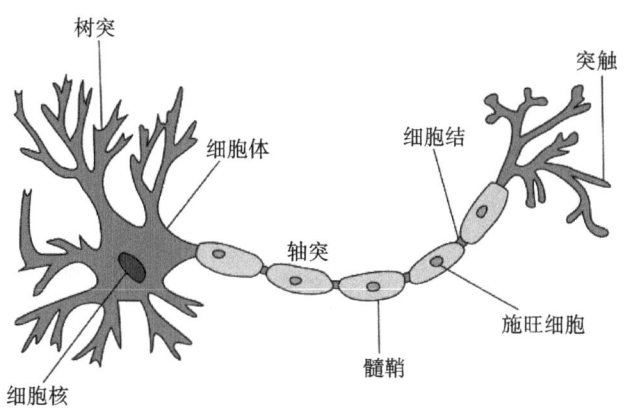

图 2.1 神经元的结构图

1. 细胞体

细胞体是神经元的主体，由细胞核、细胞质和细胞膜三部分构成。其中，细胞核有进行细胞呼吸和新陈代谢的功能；细胞质是进行新陈代谢的主要场所；细胞膜将膜内外的细胞液分开，并对细胞液中不同的离子有不同的通透性，这就导致细胞膜内外存在离子浓度差。

2. 树突

树突是从细胞体伸出的较短且分支多的神经纤维。树突可以接受来自其他神经元的触发作为输入信号，相当于神经元传入信息的入口。

3. 轴突

轴突是从神经元伸出的一条神经纤维。轴突的长短因神经元类型的不同而差异巨大。轴突的分支往往出现在神经末梢的终端，可以向多个神经元传出信号，相当于神经元传出信息的出口。

4. 突触

突触是指将一个神经元的信息自轴突末梢传到另一个神经元的细胞体或树突的结构，是神经元之间进行信息传递的关键部位。

2.1.2 突触的结构

突触的结构如图 2.2 所示。

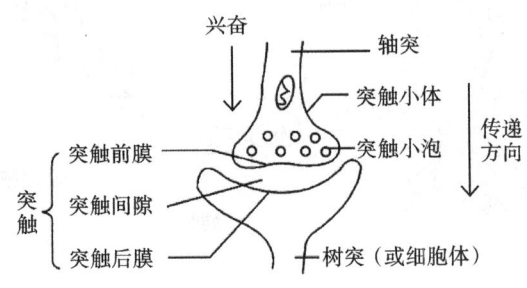

图 2.2 突触的结构图

各部分介绍如下：

1）突触前膜：突触前膜是第一个神经元的轴突末梢部分。

2）突触后膜：突触后膜是指第二个神经元的树突或细胞体等受体表面。

3）突触间隙：突触在轴突末梢与其他神经元的受体表面接触的地方有 15~50nm 的间隙，称为突触间隙，它在电学上把两者断开。

人类的大脑大约有 1.4×10^{11} 个神经元，每个神经元通过 10^3~10^5 个突触与其他多个神经元连接形成庞大而复杂的神经网络，即生物神经网络。生物神经网络中各神经元之间连接的强弱会随着外部刺激信号而发生变化，每个神经元会综合接收到的多个刺激信号而呈现兴奋或抑制状态。神经元是人类大脑处理信息的最小单位，大脑的学习过程就是神经元之间的连接强度通过接收外部刺激做出自适应变化的过程，各神经元所处状态的整体情况决定了大脑处理信息的结果。

2.2 人工神经元模型

2.2.1 人工神经元的数学模型

人工神经元正是模拟了人脑的神经元，它的基本模型包含输入、输出与计算三部分。输入可以类比为神经元的树突，输出可以类比为神经元的轴突，计算则可以类比为细胞核。典型的神经元抽象模型（以下简称神经元）如图 2.3 所示，该模型中包含 2 个输入量（即求和计算及一个激活函数）和 1 个输出量。

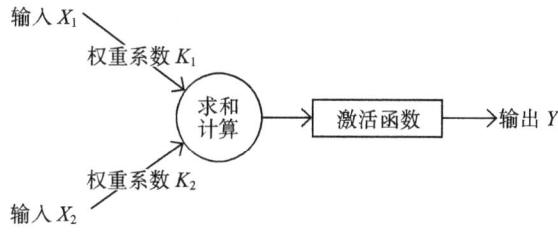

图 2.3　神经元的抽象模型

在这个神经元里,每个输入乘以不同的权重系数,再对得到的结果进行求和计算,然后通过激活函数(也称激励函数)产生最终的输出。事实上,一个神经元里可以有多个输入,也可以有多个输出,每个输入都要分配一个独立的权重系数。当一个神经元确定以后,它的输入数量、输出数量和激活函数都会确定下来,但神经元中每个输入的权重系数并不是在初始化时就可以确定的,需要通过大量的数据训练神经元去逼近。一个神经元的训练过程,就是对每个输入的权重系数进行调整优化的过程。显然,对于神经元而言,针对不同的问题(事务处理流程)会得到不同的权重系数。

将神经元的理论抽象模型中的结构用数学概念进一步细化,并添加偏置值,就可以得到如图 2.4 所示的神经元数学模型。图中用 $x_1, x_2, \cdots, x_n$ 表示输入,用 $w_1, w_2, \cdots, w_n$ 表示对应的权重系数,y 表示输出。为了增加神经元的适用范围和灵活性,通常在求和计算结果后面还会增加一个偏置值参数 b。从数学的角度来看,偏置值 b 相当于在原本的多项式中添加一个常数项,其主要作用是改变神经元进行求和计算后的截距,提高神经元的表达能力。

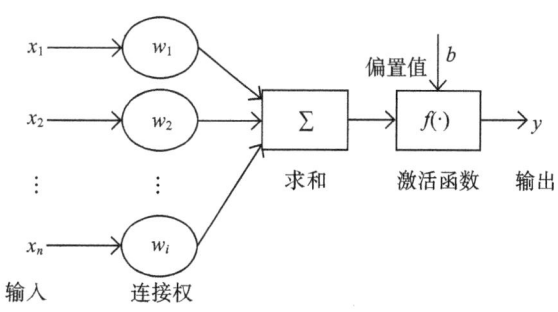

图 2.4　人工神经元的数学模型示意图

经过求和计算之后，就可以得到一个中间值 sum，如式（2.1）所示：

$$\text{sum} = \sum w_i * x_i + b, \quad i = 1, 2, \cdots, n \tag{2.1}$$

图 2.4 中的 f 称为神经元激活函数，也称为作用函数或功能函数。在早期的神经元模型中，激活函数通常采用式（2.2）的阶跃函数：

$$f(x) = \begin{cases} 1 & x > 0 \\ 0 & x \leq 0 \end{cases} \tag{2.2}$$

将求和所得的中间值 sum 代入激活函数 f 的公式中，即可得到神经元的输出值，如式（2.3）所示：

$$y = f(\text{sum}) = f\left(\sum w_i * x_i + b\right) \tag{2.3}$$

【例 2.1】设计一个神经元，使其能够实现逻辑"或"运算。

先给出逻辑"或"运算的真值表，如表 2.1 所示。

表 2.1 逻辑"或"运算的真值表

输入量 x_1	输入量 x_2	输出量 y
0	0	0
0	1	1
1	0	1
1	1	1

令 $w_1 = 1$，$w_2 = 1$，$b = 0$，根据式（2.1）、式（2.2）和式（2.3），计算激活函数，得到输出值：

当 $x_1 = 0$，$x_2 = 0$ 时，$y = f(\text{sum}) = f(1*0 + 1*0 + 0) = f(0) = 0$

当 $x_1 = 0$，$x_2 = 1$ 时，$y = f(\text{sum}) = f(1*0 + 1*1 + 0) = f(1) = 1$

当 $x_1 = 1$，$x_2 = 0$ 时，$y = f(\text{sum}) = f(1*1 + 1*0 + 0) = f(1) = 1$

当 $x_1 = 1$，$x_2 = 1$ 时，$y = f(\text{sum}) = f(1*1 + 1*1 + 0) = f(2) = 1$

因此，当神经元的权重系数集合为 {1，1}、偏置值 $b = 0$ 时，该神经元可进行逻辑"或"运算。

【例 2.2】设计一个神经元，使其能够实现逻辑"与"运算。

先给出逻辑"与"运算的真值表，如表 2.2 所示。

表 2.2 逻辑"与"运算的真值表

输入量 x_1	输入量 x_2	输出量 y
0	0	0
0	1	0
1	0	0
1	1	1

令 $w_1 = 0.5$，$w_2 = 0.5$，$b = -0.6$，根据式（2.1）、式（2.2）和式（2.3），如果激活函数值为正数神经元的结果为真，否则为假，可得：

当 $x_1 = 0$，$x_2 = 0$ 时，$y = f(\text{sum}) = f(0.5 * 0 + 0.5 * 0 - 0.6) = f(-0.6) = 0$

当 $x_1 = 0$，$x_2 = 1$ 时，$y = f(\text{sum}) = f(0.5 * 0 + 0.5 * 1 - 0.6) = f(-0.1) = 0$

当 $x_1 = 1$，$x_2 = 0$ 时，$y = f(\text{sum}) = f(0.5 * 1 + 0.5 * 0 - 0.6) = f(-0.1) = 0$

当 $x_1 = 1$，$x_2 = 1$ 时，$y = f(\text{sum}) = f(0.5 * 1 + 0.5 * 1 - 0.6) = f(0.4) = 1$

因此，当神经元的权重系数集合为 {0.5，0.5}、偏置值 $b = -0.6$ 时，该神经元可进行逻辑"与"运算。

通过上面两个实现逻辑运算的神经元模型的设计可以看到，所谓的神经元模型设计，本质上就是对神经元模型中的权重系数集合 $\{w_1, w_2, \cdots, w_n\}$ 和偏置值 b 进行赋值并优化的过程。一般情况下，这些参数是无法通过理论分析直接给出的，而是要利用大量的实际数据不断训练神经元来获得。

在建立神经元模型时，首先要对神经元的权重系数和偏置值进行初始化，可以将它们设置为 0，也可以是随机值，然后才训练模型。神经元的一次训练过程如下。

1）从训练数据中取出一个样本的输入值，输入神经元计算其输出值。

2）用式（2.4）调整和优化相关参数：

$$\begin{cases} w_i \leftarrow w_i + \Delta w_i \\ b \leftarrow b + \Delta b \end{cases} \quad (2.4)$$

其中，$\Delta w_i = \varphi(y0 - y)x_2$，$\Delta b = \varphi(y0 - y)$。

y 是神经元的输出值，$y0$ 是训练样本的实际值。φ 是学习率，其作用是控制参数在每一轮训练中调整权重系数的幅度，它的取值优化问题将在后续章节中进行介绍。

根据上述流程，每一个样本都根据神经元产生的输出值与样本的实际值之间的差值来调整各个参数。经过多轮迭代后，就可以训练出神经元的权重系数集合 $\{w_1, w_2, \cdots, w_n\}$ 和偏置值 b 的取值。显然，神经元的模型优化和训练与数据的总量及数据分布的有效性有着直接的联系。一个较好的训练数据集可以生成更优化的参数值。当然，训练数据集的规模越大，训练的时间也越长。

从神经元的构成原理可以看到，它不仅能实现简单的逻辑判断，还可以拟合各种线性函数，因此线性分类或线性回归问题都可以用神经元来解决。对于更为复杂的非线性问题乃至实际生活中的应用，则需要依靠多个神经元构成的神经网络来处理。

2.2.2　常见的人工神经元模型

在人工神经网络（以下简称神经网络）中，每个神经元接收来自其他神经元处理后的信息（即输出值），作为本神经元的输入值。上层节点的输出值与本层节点的输出值是下层节点的输入值，它们之间的激活函数的作用是给神经网络的数据处理过程加入一些非线性因素，使得神经网络可以更好地解决线性不可分等较为复杂的问题。如果神经元不使用激活函数，神经网络每层数据的处理只是一个线性变换过程，这样多层输入叠加后依然是线性变换过程，对更复杂的非线性问题进行解析时，模型往往比较粗糙，难以获得理想的输出结果。因此，神经元模型一般需要引入使神经网络的输出由线性转变为非线性的激活函数。

神经元的不同在于其采用了不同的激活函数。这些数学特性迥异的激活函数使得神经元具有不同的信息处理能力,进而直接影响神经网络的整体性能。

神经元的激活函数具有反映神经元输出与其激活状态间关系的功能。下面介绍 5 种常用的激活函数。

1. 阈值型激活函数

阈值型激活函数是神经元激活函数中最简单的一种。图 2.5 所示的是单位阶跃函数,其函数表达式为式(2.5)。阈值型激活函数的特点是计算过程简单,可以迅速导出结果。经典的 M-P 模型就采用了阈值型激活函数。

$$f(x)=\begin{cases} 1 & x \geq 0 \\ 0 & x < 0 \end{cases} \tag{2.5}$$

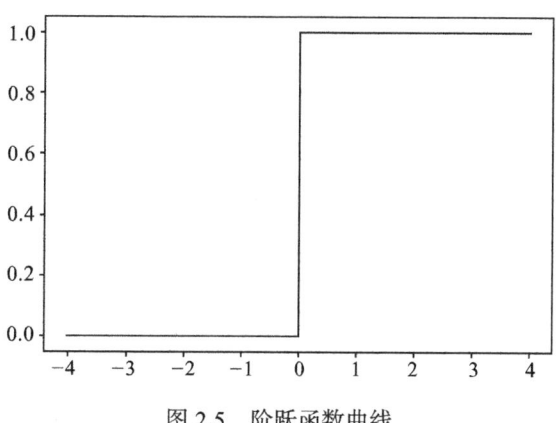

图 2.5 阶跃函数曲线

2. 分段线性激活函数

分段线性激活函数也称为伪线性函数,如图 2.6 所示。它具有分段线性的特点,其神经元的输入与输出只在一定区间内满足线性关系,因此操作简单、使用方便。单极性的分段线性激活函数表达式为式(2.6)。

$$f(x)=\begin{cases} 0 & x \leq 0 \\ cx & 0 < x \leq x_c \\ 1 & x > x_c \end{cases} \text{(其中}c\text{为常数)} \tag{2.6}$$

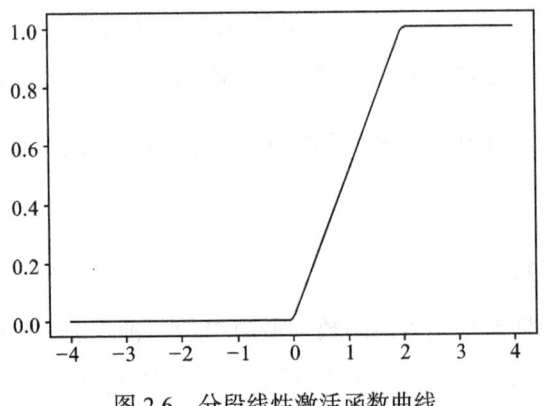

图 2.6 分段线性激活函数曲线

3. Sigmoid 激活函数

在非线性激活函数中,S 型函数最常见,其本质是单极性 Sigmoid 函数曲线,如图 2.7 所示。Sigmoid 函数的输出映射区间为(0,1),取值以 0.5 为中心。函数自身及其导数都是连续的,输出范围有限,作为激活函数使用非常方便,具有较强的适应性。因此,Sigmoid 函数也成为浅层神经网络中常用的激活函数。但由于其软饱和性,函数输出值持续较小,当神经网络层数较多时,容易产生梯度消失问题,从而导致神经网络参数的训练过程失效。此外,Sigmoid 函数需要进行指数运算,过程较为复杂,因此训练时间比较长。Sigmoid 函数的表达式为式(2.7)。

$$f(x) = 1/(1+e^{-x}) \tag{2.7}$$

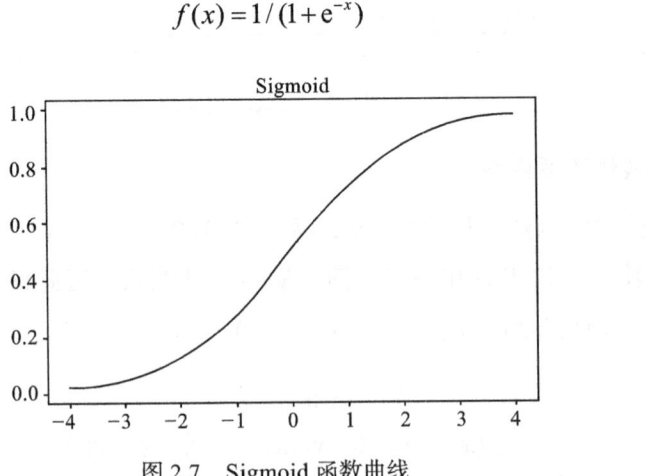

图 2.7 Sigmoid 函数曲线

4. tanh 激活函数

tanh 函数也是一种指数函数,其函数曲线如图 2.8 所示,函数表达式为式(2.8)。tanh 函数解决了 Sigmoid 的输出不是以 0 为中心的问题,但与 Sigmoid 函数类似,由于输出值区间小于 1,多层处理之后数据会缩小到接近于 0,从而产生过饱和的问题。另外,它同样需要进行指数运算,因此所需时间较长。

$$\tanh(x) = \frac{1 - e^{-2x}}{1 + e^{-2x}} \tag{2.8}$$

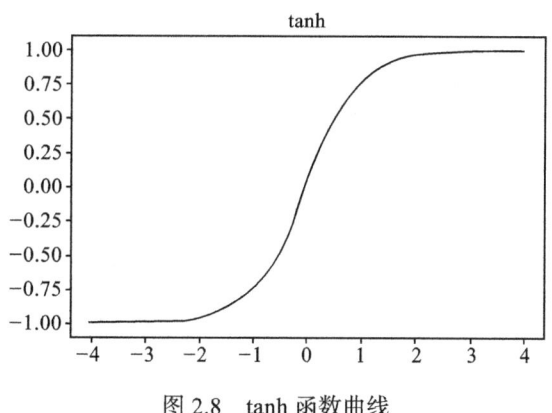

图 2.8　tanh 函数曲线

5. ReLU 激活函数

ReLU 是 2012 年 Krizhevsky 和 Hinton 等人在"ImageNet Classification with Deep Convolutional Neural Networks"论文中提出的一种线性且不饱和的激活函数。其函数曲线如图 2.9 所示,函数表达式为式(2.9)。

$$f(x) = \max(0, x) \tag{2.9}$$

从图 2.9 中可以看到,ReLU 实际上是一种分段函数,当 $x < 0$ 时,结果恒等于 0,当 $x \geq 0$ 时,$f(x)$ 等于 x。ReLU 函数的最大优点是能够部分解决梯度消失的问题。在 $x \geq 0$ 时,神经元不会饱和,而且能够快速收敛。另外,ReLU 函数只有线性关系,不需要指数计算。不管是前向传播还是反向传播,该函数的计算速度比 Sigmoid 和 tanh 函数都快。

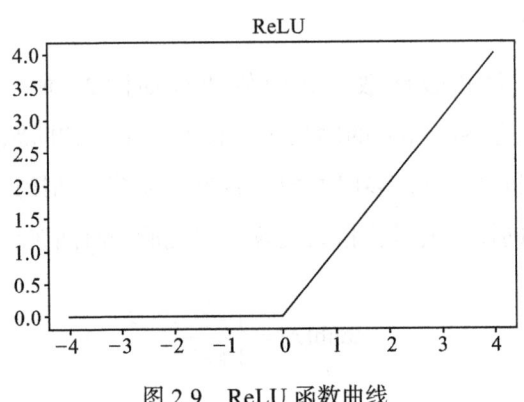

图 2.9 ReLU 函数曲线

ReLU 也有缺点。首先,其输出不是以 0 为中心;其次,在训练过程中,一旦学习率没有设置好,更新权重时输入是负值,那么这个含有 ReLU 的神经元节点就会"死亡",再也不会被激活。因为 ReLU 的导数在 $x > 0$ 时是 1,在 $x \leq 0$ 时是 0,如果 $x \leq 0$,那么 ReLU 的输出是 0,反向传播中梯度也等于 0。根据梯度下降原理,权重的值增加的变量就为 0,导致神经元无法继续更新其连接的权值。也就是说,ReLU 激活函数在训练中会出现不可逆转的死亡,导致训练数据多样化的丢失。在实际训练中,通常会设置一个合适的较小的学习率来降低这种情况发生的可能性。

在 ReLU 函数的基础上,还出现了 LeakyReLU、P-ReLU、R-ReLU、ELU 等多种改进型激活函数。

在神经元模型中,采用何种激活函数目前并没有统一的标准。一般来说,要根据神经网络的应用场景以及数据特点来综合分析,并结合实际情况考虑不同激活函数的优缺点,才能最终选出恰当的激活函数。

2.3 人工神经网络模型

2.3.1 神经网络的基本结构

作为单体的神经元(或感知器)结构比较简单,其包含和处理的信息量较少,因此无法应对较为复杂的情况。为了解决这个问题,需要将大量的神经元有效地组织起来，构成一个有机的整体。所谓神经网络，就是按照一定规则连接起来的多个神经元的整体架构。图 2.10 所示的就是神经网络结构示意图。

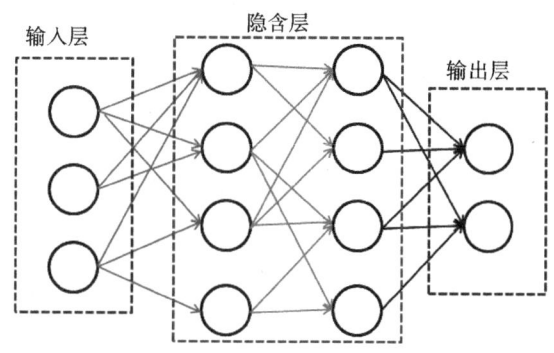

图 2.10　神经网络结构示意图

在神经网络架构中，神经元按照层级结构进行布局。神经网络结构包括输入层、隐含层和输出层三个层次。

1. 输入层

如图 2.10 所示，神经网络左边的层是输入层，该层负责向神经网络内部输入外界的数据。输入层通常只有一层，其节点数目与描述问题的参数总数成正比。越复杂的系统，可描述的参数越多，输入层所需的神经元节点也就越多。

2. 输出层

如图 2.10 所示，神经网络右边的层是输出层，通过神经网络处理之后的数据结果就从这一层进行输出。输出层通常也只有一层，其节点数目与神经网络系统分析结果的属性维度有关。

3. 隐含层

输入层和输出层之间的神经元构成的处理层称为隐含层，因为这些神经元对于外部来说是不可见的。隐含层是标志整个神经网络系统复杂度的关键层，对于神经网络处理问题的能力具有决定性作用，因此神经网络的设计主要是指隐含层的结构设计。在经典的神经网络结构中，隐含层通常只有 1～2 层，神经元之间通常采用全连接结构。面向深度学习的神经网络的隐含层的层数较多，结构也更加复杂。

在神经网络中，同一层的神经元之间是没有连接的。神经元通常只与自己相邻的下一层神经元进行连接。一般来说，各个神经元可以发出的连接数是不固定的。特别是，如果一个神经网络系统的第 N 层的每个神经元与第 $N-1$ 层的所有神经元都有连接，那么就构成了全连接神经网络。

神经元之间的每一个连接都有一个独立的权重系数。与单体的神经元类似，神经网络中的各权重系数也需要利用大量的训练数据进行迭代计算和优化配置。对于不同的应用，各权重系数的取值是不同的。一个经过优化的神经网络系统才能用来求解问题。

2.3.2 神经网络的分类

神经元之间通过相互连接形成多种多样的神经网络。在神经网络中，神经元之间互连的方式决定了神经元网络的互连结构和神经网络的信号处理方式，也决定了神经网络的系统性能和特点。

神经网络模型可以按照不同的标准进行分类，常见分类方式有两种，即按照网络拓扑结构和按照网络信息流向。按照网络拓扑结构，可将神经网络分为层次型结构和互连型结构，层次型网络结构又可根据层间神经元的连接方式分为单纯型层次网络结构、输出层到输入层有连接的层次网络结构和层内有互连的层次网络结构。按照网络信息流向，可将神经网络分为前馈型网络与反馈型网络。

1. 层次型结构神经网络

（1）单纯型层次网络结构

单纯型层次网络结构如图 2.11 所示。在单纯型层次网络结构中，神经元按照功能分为若干层，分别是输入层、中间层和输出层，神经元分层排列，各层神经元接收前一层的输入信息并将信息输出到下一层，每层内部的神经元互不相连，神经元自身也不相连。

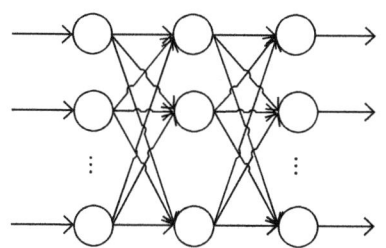

图 2.11 单纯型层次网络结构

（2）输出层到输入层有连接的层次网络结构

输出层到输入层有连接的层次网络结构如图 2.12 所示。在此类结构中，输出层到输入层有连接路径。与单纯型层次网络结构不同的是，此类结构中输入层的神经元不但负责接收外界的输入信息，也负责对信息进行处理。

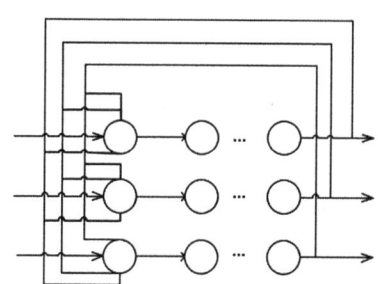

图 2.12 输出层到输入层有连接的层次网络结构

（3）层内有互连的层次网络结构

层内有互连的层次网络结构如图 2.13 所示。这类结构的特点是在同一层内神经元相互连接，能够控制同时激活的神经元数量，便于实现每层神经元的自组织。

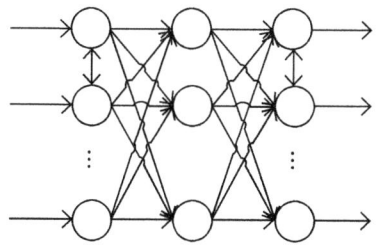

图 2.13 层内有互连的层次网络结构

2. 互连型结构神经网络

在互连型结构神经网络模型中，任意两个神经元之间都有可能相互连接，如图 2.14 所示。其中，有的神经元之间有双向连接，有的神经元之间只有单向的连接。不同的互连型结构神经网络中，神经元之间的连接程度不尽相同。常见的互连型结构神经网络有 Hopfield 神经网络和 Boltzmann 神经网络。

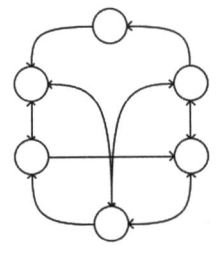

图 2.14 互连型神经网络结构

3. 前馈型网络

前馈型网络根据网络结构的不同可以分为两类，即单纯前馈型网络和多层前馈型网络。

（1）单纯前馈型网络

单纯前馈型网络包括输入层、隐含层和输出层。其中，输入层负责接收外界输入的信息，并将信息传递给中间的隐含层；隐含层负责处理信息，并将处理结果传递给输出层。单纯前馈型网络的信息处理具有逐层传递的方向性，一般不存在反馈环路。

（2）多层前馈型网络

多层前馈型网络在输入层和输出层之间引入了多个隐含层，通常用一个有向无环路的图来表示，如图 2.15 所示。由于多层前馈型网络的训练经常采用误差反向传播算法，人们也常将多层前馈型网络称为 BP（Back Propagation）网络。

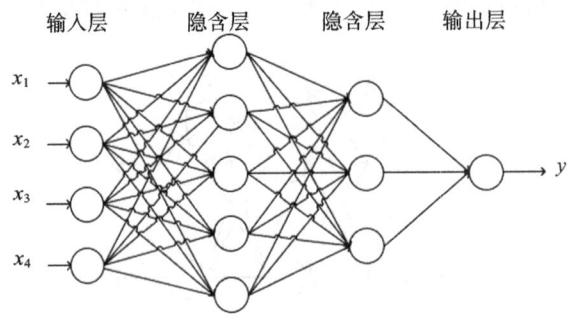

图 2.15 多层前馈型网络结构

4. 反馈型网络

在反馈型网络中，所有节点都具有信息处理功能，而且每个节点既可以从外界接收输入，又可以向外界输出。单纯全互连结构网络是一种典型的反馈型网络，可以用如图2.16所示的完全无向图表示。

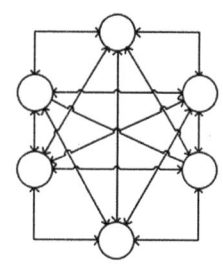

图 2.16 反馈型网络结构

2.4 神经网络的前向传播机制

从数学角度来看，神经网络本质上是一个多位输入 x 和多位输出 y 的映射函数，而这个映射函数的系数就是神经网络所要训练的诸多权重参数 w_i。只要神经网络的模型确定下来，即映射函数内部的系数确定下来，那么整个神经网络系统对于任何输入 x_i 就都能得到一个与之对应的输出 y_i。神经网络的前向传播过程就是神经网络如何根据输入 x 得到输出 y 的过程。

图 2.17 给出了一个由 6 个神经元构成的全连接神经网络。

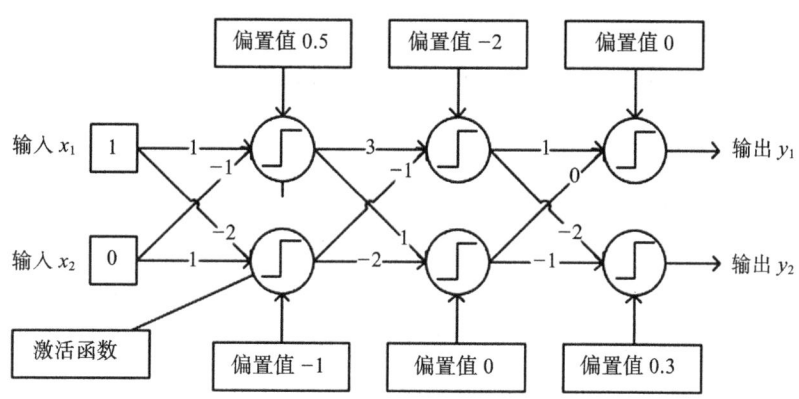

图 2.17 由 6 个神经元构成的全连接神经网络

在这个神经网络中，每个神经元模型都采用前文给出的基本设定，即神经元计算采用式（2.1）的带有偏置值的加权求和算法，激活函数采用式（2.2）的阶跃函数。前向传播机制按照式（2.3）计算神经元的输出值并将计算结果代入神经网络，

作为下一个 l 层神经元的输入。图 2.18 给出的是图 2.17 的神经网络的前向传播情况。

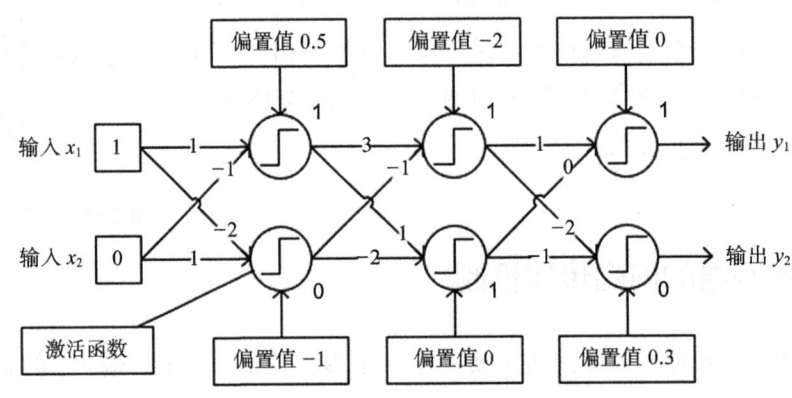

图 2.18 神经网络的前向传播机制

从图 2.18 可以看出，神经网络的前向传播机制就是从输入层开始，逐层计算每个神经元的输出值，并将计算结果作为下一层神经元的输入，从而计算出整个神经网络的最终输出值。

在前向传播过程中，神经网络的各权重系数及偏置值是给定的，而前向传播机制最终的计算结果也是由这些系数决定的。显然，前向传播机制只能直接使用神经网络的各权重系数及偏置值，无法解决如何有效设定这些权重系数及偏置值的问题。

2.5 神经网络的反向传播机制

BP 神经网络是神经网络模型中较为经典的一种多层网络结构，它采用的就是反向传播机制。BP 网络也包括输入层、输出层和隐含层三部分，但神经网络的神经元连接方式一般并不固定，BP 网络是一种全连接神经网络，即每层任意一个神经元与下一层的所有神经元都有连接。另外，为了实现非线性输入和输出，BP 神经网络采用 S 型函数作为激活函数，函数表达式见式（2.7）。

设有一个具有 L 层神经元的 BP 神经网络，其神经元节点输入/输出关系函数均为 $f(x)$，令第 k 层的第 i 个神经元输入的总和值为 S_i^k，输出值为 y_i^k，则有

$$y_i^k = f(S_i^k)$$

$$S_i^k = \sum_j w_{ij} y_j^{k-1}, \ k=1,2,\cdots,L \tag{2.10}$$

其中，w_{ij} 是第 $k-1$ 层的第 j 个神经元到第 k 层的第 i 个神经元的连接权重参数值。注意，在这个公式中并没有显式表达人工神经元模型中的偏置值 b。这是因为从神经元结构来看，偏置值 b 可以视为一个输入值恒为 1 而连接权重为 b 的叠加分量（也可以记为 w_0），与其他连接权重 w_{ij} 的空间位置相似。此外，在进行参数训练时，偏置值 b 与连接权重 w_{ij} 的目标函数是相同的，因此两者的优化计算过程也相同。基于以上原因，通常将偏置值参数隐式地表达在 w_{ij} 内，从而简化推导过程。

在 BP 网络的参数优化过程中，其目标是使网络的输出与实际值之间的误差总和最小，因此选择优化的损失函数（也称目标函数）为：

$$E = \frac{1}{2}\sum_{j=1}^{n}(y0_j - y_j)^2 \tag{2.11}$$

其中，n 为输出层的神经元数目，$y0_j$ 为输出层第 j 个神经元的期望值。

BP 网络的参数优化就是选择神经网络的各权重系数，使得期望值 $y0_j$ 与实际输出值 y_j 之差的平方和最小。BP 算法就转换为求解损失函数 E 的极小值，其中约束条件为式（2.3）。因此，可以利用梯度下降法使连接权重 w_{ij} 沿着损失函数的负梯度方向改变。连接权重参数值的修正量 Δw_{ij} 的计算方法为：

$$\Delta w_{ij} = -\varphi \frac{\partial E}{\partial w_{ij}} \quad (\varphi > 0) \tag{2.12}$$

其中，φ 是学习率。

将式（2.10）代入，可得：

$$\frac{\partial E}{\partial w_{ij}} = \frac{\partial E}{\partial S_i^k}\frac{\partial S_i^k}{\partial w_{ij}} = \frac{\partial E}{\partial S_i^k}\frac{\partial}{\partial w_{ij}}\left(\sum_j w_{ij} y_j^{k-1}\right) = \frac{\partial E}{\partial S_i^k} y_j^{k-1}$$

令 $y0_i^k = \dfrac{\partial E}{\partial S_i^k} = \dfrac{\partial E}{\partial y_i^k}\dfrac{\partial y_i^k}{\partial S_i^k}$，代入式（2.12）可得

$$\Delta w_{ij} = -\varphi\; y0_i^k\, y_j^{k-1} \quad (2.13)$$

再由式（2.10）可知

$$y0_i^k = \dfrac{\partial E}{\partial S_i^k} = \dfrac{\partial E}{\partial y_i^k}\dfrac{\partial y_i^k}{\partial S_i^k} = \dfrac{\partial E}{\partial y_i^k}\dfrac{\mathrm{d}f(S_i^k)}{\mathrm{d}S_i^k}$$

将式（2.2）代入，得

$$y_i^k = f(S_i^k) = 1/(1+\mathrm{e}^{-S_i^k})$$

则有

$$\dfrac{\partial y_i^k}{\partial S_i^k} = \dfrac{\mathrm{d}f(S_i^k)}{\mathrm{d}S_i^k} = \mathrm{e}^{-S_i^k}/(1+\mathrm{e}^{-S_i^k})^2 = y_i^k(1-y_i^k)$$

因此

$$y0_i^k = y_i^k(1-y_i^k)\dfrac{\partial E}{\partial y_i^k}$$

当 $k=L$ 时（即输出层），由误差定义可知

$$\dfrac{\partial E}{\partial y_i^k} = \dfrac{\partial E}{\partial y_i^L} = y_i^L - y0_i$$

则有

$$y0_i^L = y_i^L(1-y_i^L)(y_i^L - y0_i) \quad (2.14)$$

当 $1<k<L$ 时，可知

$$\dfrac{\partial E}{\partial y_i^k} = \sum_l \dfrac{\partial E}{\partial S_l^{k+1}}\dfrac{\partial S_l^{k+1}}{\partial y_i^k} = \sum_l w_{li}\, y0_l^{k+1}$$

其中，l 为当前计算的层数，所以

$$y0_i^k = y_i^k(1-y_i^k)\sum_l w_{li} y0_l^{k+1} \tag{2.15}$$

从式（2.15）可以看出，对于 BP 网络，要想求出第 k 层的误差信号，需要第 $k+1$ 层的误差信号。因此，BP 网络的权重参数优化过程是一个从输出层反向推导的递归过程，这一过程也被称为反向传播算法。

反向传播算法的实质是利用梯度最速下降原理，使神经网络中各层连接的权重系数沿损失函数的负梯度方向进行改变。由于各层连接之间本身具有复杂而动态的联系，如果同时对各层连接进行修正，所需要的计算方法将变得极其复杂。为了避免数据处理的复杂性，降低计算维度，反向传播算法实际上采用的是贪心算法策略，即由后向前逐层进行修正。

神经网络的训练主要包括前向传播和反向传播两个过程。前向传播得到损失值，反向传播得到梯度，最后通过梯度值完成权值更新。反向传播算法的主要作用是求出神经网络各层连接的权重系数。神经网络训练过程的结束条件如下：

- ❑ 训练样本的前向传播的输出值与期望值之间的差小于设定的量，即神经网络的系统误差降到符合设定的要求时即可结束训练。
- ❑ 训练样本进行权重系数调整的循环次数达到设定的循环次数时，可以结束训练。

2.6 基于反向传播算法的神经网络设计流程

在神经网络的设计中，通常不会改变神经元的基本结构。因此，整个设计过程的主要工作就是神经网络的组织结构的设计及相关连接参数的优化配置，其主要流程如下。

1. 确定输入向量和输出向量的数目

输入向量通常是由系统采集的数据的维度来决定的。比如，对于一个图像的识别系统，其输入向量就是这个图像的所有像素点，输出向量则由理论上系统所能得到的结果来决定。又比如,对于一个简单的二分法分类器,其输出就是两个向量。对于一个用于识别英文字母的神经网络系统,其输出需要 26 个向量。

2. 确定神经网络隐含层的层数及连接关系

一般来说,经典的神经网络系统一般只有 1～2 个隐含层,层数越多可以处理的问题越复杂。但层数的增加也会带来新的问题,比如计算复杂度或者梯度消失问题。隐含层之间通常采用全连接的方式,即各层之间的神经元所有的连接都设定为有效。如果对所研究问题的处理过程比较清楚,也可以将那些没有联系的神经元之间的连接取消,这样可以实现数据的快速处理,也可以避免不应有的连接产生干扰和错误。

3. 确定激活函数

由于神经元的基本结构通常是不变的,因此这一步的主要工作是确定采用何种激活函数。激活函数不仅仅会对数据的非线性处理流程产生影响,在神经网络的训练过程中,由于激活函数不同,得到的梯度下降函数也不同。在反向传播算法中,采用 S 型函数作为激活函数(参见式(2.2))。

4. 利用训练数据集对神经网络各连接的权重参数及偏置值进行优化和调整

其主要流程的伪代码如下:

```
// 神经网络训练流程伪代码
初始化:
    设定 X 个输入,Y 个输出,M 个隐含层
    随机初始化各连接权值(默认为全连接神经网络)
    随机初始化各神经元偏置值
while(| 实际输出值 – 期望值 |> 允许的误差值 OR 循环次数 < 训练集样本数)
{
    对于每一个样本,执行:
        将样本的输入值输入神经网络中,并利用前向传播机制计算网络输出值
        对于每一个输出节点,计算网络输出值与样本期望值之间的差
        根据梯度下降原理,计算出当前激活函数对应的计算公式(式(2.15))的值
        根据式(2.15)的值调整输出层连接的权重参数
        for(i=M;i>0;i-- )
            调整第 i 层每一个连接的权重参数
}
```

5. 处理输入数据,得到相应结果

训练结束后,将神经网络内部连接的权重参数及偏置值固定下来,按照前向传

播机制的计算方法，对需要处理的输入数据进行处理，得到相应的结果。前向传播机制不仅可以计算实际输出值与期望值之间的差，还是进行最终数据处理的计算方法。

2.7 人工神经网络的参数优化问题

2.7.1 神经网络层数的优化问题

神经网络的原理是模拟人的大脑的工作方式，因此神经网络结构的复杂度越高，理论上可以处理的问题就越复杂。但拓展神经网络的深度时必然面临计算复杂度和梯度消失/梯度爆炸两个关键性问题，所以要想对神经网络的层数进行优化，就必须考虑如何从网络结构上降低或抵消这两个问题的影响。

图 2.19 给出了一个包含 N 层隐含层、每层有 M 个神经元节点的全连接神经网络。为简单起见，将输入层和输出层的节点数量设置为 M 个。整个神经网络系统待训练的参数包含每个连接的权值系数和每个神经元的偏置值。由图 2.19 所示的结构可以得到，待训练的连接权重参数的数量为 $M*M*(N+1)$，所有神经元节点的偏移量数目为 $M*(N+1)$，因此该系统的待训练参数的数量为：

$$(M*M+M)*(N+1)$$

由于神经网络的逐层传递策略及加权求和处理，可知这些参数之间都存在或强或弱的联系。如果要对整个系统的参数进行有效处理，隐含层的数目 N 就不能太大，否则系统的计算量会急速增加，导致问题变得不可求解。也正是出于这个原因，基于基本模型的神经网络的深度不能太深。

全连接神经网络可以找到所有未知的关联关系，但随着层数的增加，计算量也急剧增加，因此总体的层数受限。为了减少系统的待训练参数总量，同时维持较多的隐含层层数，可以使用稀疏神经网络结构来代替全连接神经网络结构，从而减少每一层的参数量。一般来说，稀疏神经网络可以减少不必要的线路规模，增加系统的计算深度，但这种方法存在隔断隐藏的节点间连接的问题。

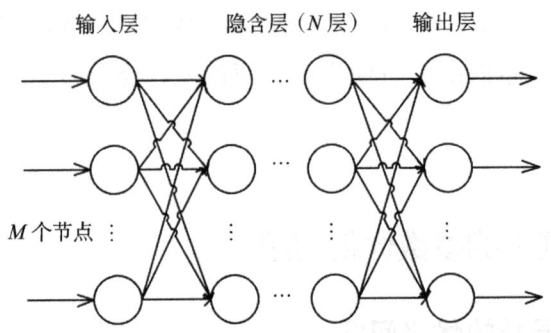

图 2.19　含有 N 个隐含层的全连接神经网络示意图

神经网络隐含层层数的另一个限制因素是梯度消失或梯度爆炸问题。从数学层面看，神经网络的最终输出值是由多个线性层和非线性层叠加产生的。每一个非线性层都是由一个非线性函数（来自非线性激活函数）引入的，因此可以将整个神经网络视为一个复合的非线性多元函数。神经网络相关参数的求取也就转化为求取这个非线性函数输入到输出之间的映射关系，即损失函数取得极小值的参数值。因此，神经网络的参数优化问题就是一个求取损失函数最小值的问题。这个过程是用梯度下降方法来解决的。

以一维神经网络结构为例，如图 2.20 所示，其中输入值为 X，输出值为 Y，整个网络包含 n 层隐含层。

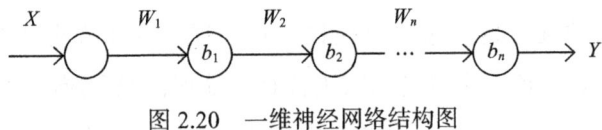

图 2.20　一维神经网络结构图

在一维神经网络中，每层的神经元个数都是 1，令 x_i 为第 i 层隐含层神经元的输入值，Y_i 为第 i 层隐含层神经元的输出值，可知：

$$Y_i = f(w_i x_i + b_i)$$

其中，$1 \leqslant i \leqslant n$，$f$ 为对应的非线性函数，即神经元使用的激活函数。以 Sigmoid 函数为例，其函数曲线为 S 型，输入范围为 $x \in (-\infty, +\infty)$、$y \in (0,1)$。当进行梯度下降处理时，需要求解 Sigmoid 函数的一阶导数值，可得：

$$f'(x) = [1/(1+e^{-x})]' = \frac{e^{-x}}{(1+e^{-x})^2} = f(x)[1-f(x)]$$

从求导结果可以看出，Sigmoid 导数的取值范围为 (0,0.25)，当初始化的网络权值小于 1 时，随着层数的增多，不断相乘得到的结果逐渐趋向 0。这就使距离输出较远的神经元层的连接在叠加公式中的分量值越来越小，从而导致梯度消失的情况。梯度爆炸问题与梯度消失问题相反，当连接的初始化权值过大时，不断相乘会导致连接在叠加公式中占据的分量值越来越大，从而使其他连接的影响变得微弱。

梯度消失和梯度爆炸问题的本质是一样的，都是因为神经网络层数太深引发了梯度反向传播中的连乘效应。对于一个含有多层隐含层的神经网络来说，当发生梯度消失时，接近输出层的隐含层由于其梯度较少，叠加效果相对正常，所以权值更新的量也相对正常。但是对远离输出层的隐含层，由于梯度消失现象，会导致权值更新缓慢甚至停滞。因此，如果不解决梯度消失和梯度爆炸问题，反而随意增加神经网络的深度，其输出结果会恶化。

解决梯度消失和梯度爆炸问题的最直接方法是使用 ReLU、LeakyReLU、Elu 等激活函数，因为这类激活函数的一阶导数值是常数，这样就不会出现因多层连乘造成的函数值异常问题。另外，还可以采用 ResNet 残差结构，相关内容将在后续章节中进一步介绍。

2.7.2 归一化指数函数 softmax

归一化指数函数（或称 softmax 函数）是逻辑函数的一种推广。它能将一个包含任意实数的 K 维向量 z "压缩"到另一个 K 维实向量 $\sigma(z)$ 中，使每一个元素的范围都为 (0,1)，并且所有元素的和为 1。softmax 函数在多项逻辑回归、多项线性判别分析、朴素贝叶斯分类器和人工神经网络等多种基于概率的多分类问题中有广泛应用。

在神经网络中，由于研究的问题对应的参数取值范围不同，因此经过多层神经元的非线性处理之后，取值范围会落在一个随机的动态范围内。但在实际应用中，神经网络在多数情况下用于进行逻辑判断，即结果为某个值的概率是多少。概率有两个性质：预测的概率为非负数；各种预测结果的概率之和等于1。此时神经网络就需要在输出端增加一个归一化指数函数层，该层将神经网络的输出结果取值范围从（$-\infty, +\infty$）转换为符合概率判断结果的区间 [0,1]。

softmax 将神经网络原始输出数据转换为概率，可以分为两步：

1）通过指数函数将实数输出映射到（$0, +\infty$）。
2）将所有结果相加，并计算各分项所占据的比例，实现归一化。

归一化指数函数 softmax 处理过程如图 2.21 所示。令 $y=\exp(x)$，将需要处理的数据代入指数函数中，由于 $e^x \in (0, +\infty)$，因此保证了取值的非负性。为了确保所有可能结果的概率之和等于1，还要将转换后的结果进行归一化处理，即将转化后的结果除以所有转化后结果之和，这样就得到了每项转化后结果占总数的百分比，也就是相应的概率。

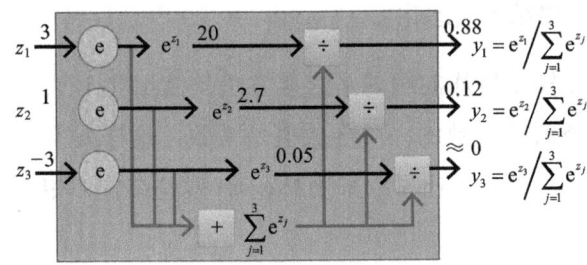

图 2.21 softmax 处理过程

【例 2.3】假如模型对一个三分类问题的预测结果为 -3、1.5、2.7。使用 softmax 将模型结果转换为概率。

具体步骤如下。

1）将预测结果转换为非负数：

$$y_1 = \exp(x_1) = \exp(-3) = 0.05$$

$$y_2 = \exp(x_2) = \exp(1.5) = 4.48$$

$$y_3 = \exp(x_3) = \exp(2.7) = 14.88$$

2）各种预测结果概率之和等于 1：

$$z_1 = y_1/(y_1+y_2+y_3) = 0.05/(0.05+4.48+14.88) = 0.0026$$

$$z_2 = y_2/(y_1+y_2+y_3) = 4.48/(0.05+4.48+14.88) = 0.2308$$

$$z_3 = y_3/(y_1+y_2+y_3) = 14.88/(0.05+4.48+14.88) = 0.7666$$

2.7.3 学习率

式（2.12）中的 φ 就是学习速率，简称学习率。学习率是在梯度下降过程中更新权重时的参数。它是一个经验常数，取值越小，损失函数的变化速度越慢，可以确保不会漏掉局部极小值。相应地，收敛速度会变慢，还容易造成过拟合。但是，学习率过高容易发生梯度爆炸，损失函数值振动幅度较大，模型难以收敛。不同学习率取值下模型的收敛情况如图 2.22 所示。

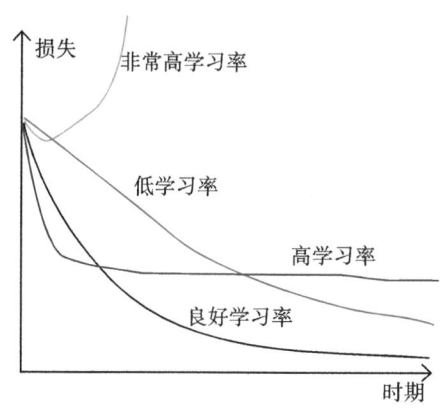

图 2.22 不同学习率取值下模型的收敛情况

一般情况下，学习率被设置为一个常量，取 0.001～0.01 之间的小数。为了提高整体性能，有时候学习率也会被设置为一个动态值。其原理是：在训练开始时，学习率初始值设置得较大，这样能够提高收敛速度，使参数取值更快速地接近最优解；之后，随着训练的进行，按照设定的规律来逐渐缩小学习率的值，这样可以保证所求解问题的收敛性。

通常在训练一定轮数之后,会对学习率进行衰减,从而让模型收敛得更好。学习率衰减一般可以采用以下三种方式。

- 轮数衰减:每经过若干次训练后,将学习率减半。
- 指数衰减:每经过若干次训练后,将学习率乘以一个小于1的衰减系数。
- 分数衰减:每经过若干次训练后,将学习率除以一个大于1的衰减系数。

虽然采用学习率衰减的方法能让模型收敛得更好,但是如果遇到梯度消失问题,训练模型就无法收敛到正确的取值范围。如图 2.23 所示,如果此时学习率很小,那么将永远无法走出鞍点,这样所得到的就是局部极值,而非全局极值。

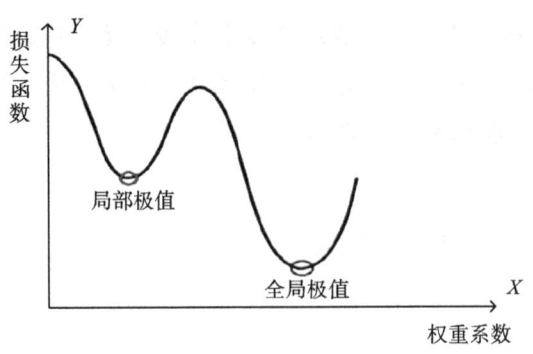

图 2.23　局部极值与全局极值示意

2.7.4　欠拟合和过拟合问题

神经网络在进行训练的时候,如果设置不当,训练出来的模型有可能出现过拟合和欠拟合这两种问题。一般来说,欠拟合是由于拟合所用的函数过于简单,提取出来的特征不足以准确描述复杂问题的过程而导致的问题。比如用线性函数来拟合非线性问题,就会导致欠拟合的发生,这会极大降低预测结果的准确率或精确度。

过拟合指的是为了得到一致假设而使假设变得过度严格而导致的问题。由于对数据条件要求过于严格,过拟合模型对于训练集的拟合程度非常高,即训练后的系统对训练集数据处理的准确度很高,但对于其他数据(比如测试集数据的测试结果),错误率会急速上升。这是因为过拟合的训练过程使系统相关参数过度拟合了训练数据中比例很小的噪点数据(数据中存在错误或异常的数据,这些数据会对数据的分析造成干扰),而忽视了所分析的问题的整体规律。

给定一个假设空间 H,一个假设 h 属于 H,如果存在其他的假设 h' 属于 H,使得在训练样例上 h 的错误率比 h' 小,但在整个实例分布上 h' 比 h 的错误率小,那么就说假设 h 过度拟合训练数据。

当神经网络在训练数据上能够获得比其他系统更好的拟合结果,但是在训练数据外的其他数据集上不能很好地拟合数据,这时就可以认为这个神经网络的参数训练出现了过拟合的现象。

为了避免过拟合,通常会采用正则化的算法。其主要思想是在损失函数中加入刻画模型复杂程度的指标。假设模型的损失函数为 $J(\theta)$,那么在使用优化算法来优化损失函数的时候,不是直接优化 $J(\theta)$,而是优化 $J(\theta)+\lambda*R(w)$。其中,$R(w)$ 表示模型的复杂程度,λ 表示模型复杂损失在总损失中的比例。注意,这里的 θ 表示的是一个神经网络中的所有参数,它包括权重和偏置。一般来说,模型复杂度只由其权重(w)来决定。

通常,用于刻画模型复杂度的函数 $R(w)$ 有两种:

❑ L1 正则化

$$L(a) = \|a\| = \sum_{i=0}^{n}|a_i| \tag{2.16}$$

❑ L2 正则化

$$L(a) = |(|a|)|^2/2 = \sum_{i=0}^{n} a_i^2/2 \tag{2.17}$$

运用正则化方式来解决过拟合问题的原理是通过增加一个项来限制权重变化带来的影响,从而使模型不能任意地拟合训练数据中数值较小的随机噪声。

在一般的浅层神经网络中，加入正则化处理来计算损失函数是比较容易的。当神经网络结构变得层数很多时，在损失函数中加入正则化处理会使系统的计算过程变得非常复杂。

课后习题

一、填空题

1. 生物神经元主要由细胞体、树突、轴突、_____组成。
2. 突触的结构主要包含突触前膜、突触间隙和_____。
3. 神经网络按网络拓扑结构可分为层次型结构和_____；按网络信息流向可分为_____与反馈型网络。
4. 神经网络的基本结构包括输入层、_____和输出层三个层次。
5. 层次型网络结构可根据层间神经元的连接方式分为单纯型层次网络结构、输出层到输入层有连接的层次网络结构和_____。
6. 拓展神经网络的深度时必然面临计算复杂度和_____两个关键性问题。
7. 解决梯度消失和梯度爆炸问题最直接的方法是使用 ReLU、LeakyReLU、Elu 等激活函数，还可以采用_____。
8. 一般来说，欠拟合是由于_____的原因，提取出来的特征不足以准确描述复杂问题的过程而导致的问题。
9. 学习率就是在_____的过程中更新权重时的参数。

二、选择题

1. 下面不属于神经网络的基本功能的是（　　）。
   A. 产生情感　　　　　　　　　B. 联想记忆
   C. 非线性映射　　　　　　　　D. 分类与识别
2. 下面不属于神经元模型的是（　　）。
   A. 阈值型　　　　　　　　　　B. Z 型
   C. 分段线性强饱和型　　　　　D. 子阈累积型

3. 下面关于层次性神经网络叙述错误的是（　　）。

　　A. 不允许属于同一层次的神经元互连

　　B. 允许同一层次的神经元互连，称为带侧抑制的连接（或横向反馈）

　　C. 通常把三层和三层以上的神经网络结构称为多层神经网络结构

　　D. 在有些双层神经网络中，不允许不同层之间有反馈连接

三、简答题

1. 简述神经网络的前向传播机制。
2. 简述神经网络的反向传播机制。
3. 简述基于反向传播算法的神经网络的设计流程。
4. 神经网络模型可以从哪些方面进行优化？
5. 简述激活函数的作用。
6. 前馈型神经网络和反馈型神经网络有何异同点？
7. 梯度消失和梯度爆炸问题的产生本质是什么？
8. 简述过拟合产生的原因及其解决方法。

参考文献

[1] 韩力群. 人工神经网络理论、设计及应用 [M]. 2版. 北京：化学工业出版社，2007.

[2] 曹承志. 人工智能技术 [M]. 北京：清华大学出版社，2010.

[3] 鲍军鹏，张选平. 人工智能导论 [M]. 北京：机械工业出版社，2010.

[4] Michael Negnevitsky. 人工智能：智能系统指南（原书第3版）[M]. 陈薇，译. 北京：机械工业出版社，2012.

CHAPTER 3

第 3 章

卷积神经网络和循环神经网络

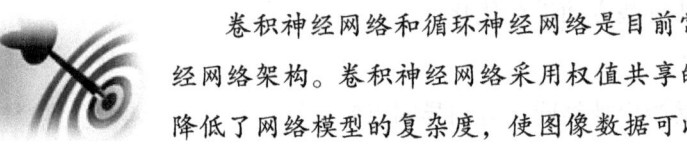

卷积神经网络和循环神经网络是目前常见的两种深度神经网络架构。卷积神经网络采用权值共享的网络结构，有效降低了网络模型的复杂度，使图像数据可以直接作为网络的输入，避免了传统图像识别算法中复杂的特征提取和数据重建过程。循环神经网络则是将神经元的输出作为一个分量加入输入序列中，通过多次循环，将当前轮次学习到的信息传递下去。循环神经网络在处理序列数据方面具有独特优势，主要应用于语音识别、语言建模、机器翻译等领域。

本章首先介绍卷积神经网络的基本概念和工作机制，包括其主要结构和常见架构，并重点讲解卷积计算的原理。在循环网络部分，将介绍循环神经网络的基本概念、常用结构、主要应用场景和基于循环神经网络的语言模型，还将介绍用于解决梯度消失问题的长短时记忆网络以及双向循环神经网络和深层循环神经网络等改进算法。

3.1 卷积神经网络

3.1.1 卷积神经网络的基本概念

1. 问题引入

前面的章节中已经介绍了神经网络的输入层、隐含层和输出层框架，根据 BP 算法设计和优化网络中的参数,就可以实现一个基本的浅层神经网络。但是,仅采用常规的优化步骤设计的全连接神经网络无法解决神经网络的层深拓展问题,也就无法进一步提高神经网络的系统性能。具有深度学习处理能力的神经网络,其网络结构必须包含较多层神经元的组织和连接过程,因此需要进行专门的网络结构设计。

图 3.1 所示的神经网络中,每两层之间的所有节点都有边相连,因此称为全连接神经网络。

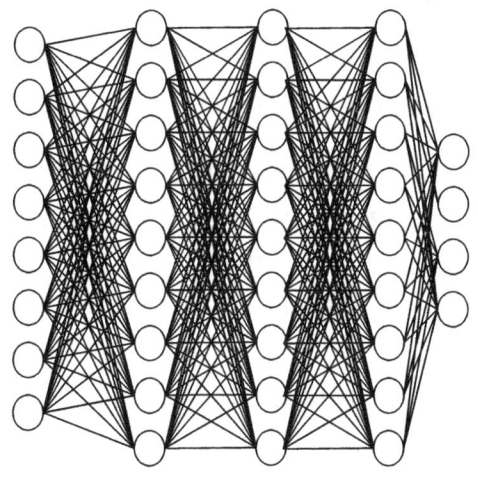

图 3.1 全连接神经网络

全连接神经网络虽然能够对简单图片(比如一张灰度的手写数字图片)进行识别,但难以处理复杂图片(比如彩色图片及高分辨率图片),这主要是由以下因素造成的。

(1)复杂图像待分析的参数太多

考虑输入一个 1000×1000 像素的图片,输入层有 $1000 \times 1000 = 100$ 万个节点。假设第一个隐含层有 100 个节点,那么在采用全连接方式的情况下,仅这一层就有 $(1000 \times 1000) \times 100$ 个网络权重参数和 100 个偏置值参数,即 $(1000 \times 1000 + 1) \times 100 \approx 1$ 亿个参数,由此构成的神经网络无论是训练还是结果输出,其计算量都是极其庞大的。

（2）未考虑像素的位置关联关系

对于图像识别过程来说，一个像素和其周围像素的相关性较高，与距离较远的像素的联系就比较微弱了。如果采用全连接神经网络，任意一个神经元将会与上一层所有神经元相连。这种处理方式相当于把图像的所有像素都同等看待，这并不符合图像数据的特定规律。当通过大量数据训练获得每个连接权重的值时，会发现有大量连接的权重值很小，这意味着这些连接可以被忽略。因此，对图像处理过程采用全连接神经网络模型，需要求解大量并不重要的连接权重，这样的训练过程必将是非常低效的。

（3）梯度消失问题导致网络深度受限

我们知道，神经网络层数越多，其表达能力越强，但是通过梯度下降方法训练深度全连接神经网络很困难。因为全连接神经网络的梯度消失问题，使得隐含层一般只能实现1～2层深度的有效传递。因此，我们不可能得到一个很深的全连接神经网络，而过于简单的网络结构会限制整体的能力。

由于全连接神经网络架构在图像处理方面存在上述局限性，因此需要新的神经网络模型以应对复杂图像的处理过程。

2. 卷积神经网络的产生

卷积神经网络（Convolutional Neural Network，CNN）最初是为解决复杂图片的识别问题设计的，现在的应用已不局限于图像和视频，也可用于处理文本数据、音频信号等时间序列信号。

19世纪60年代，科学家通过研究猫的视觉皮层细胞发现，每一个视觉神经元只会处理一小块区域的图像，从而提出了"感受域"的概念。图像在空间上是有组织结构的。每一个像素点在空间上和周围的像素点实际上是有紧密联系的，但是和太遥远的像素点不一定有关联了。20世纪80年代，神经感知机（Neocognitron）的提出实现了卷积神经网络的原型。神经感知机中包含S-cells和C-cells两类，分别用来提取特征和抗形变，对应卷积操作和激活函数等。

如图 3.2 所示是卷积神经网络示意图。

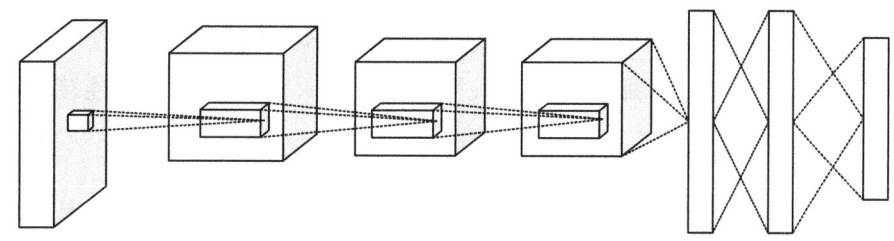

图 3.2　卷积神经网络示意图

卷积神经网络前几层的神经元是按照三维排列的，即排成一个长方体的样子，有宽度、高度和深度，且每一个节点只与上一层中部分节点相连。后面会对卷积神经网络的各层进行详细介绍。

3. 感受野

图像的基本特征包括点和边两个要素。生物视觉识别物体也是先识别出点和边，再组合成高阶特征，然后传递给后面一层的神经元，直至能够识别图像内容。

卷积神经网络利用空间结构特征，每一层的神经节点只与前一层的部分神经元节点相连，神经元间的连接是非全连接的，每一层的每个输出只与输入部分区域内有关。这样每一个神经元不需要接收全部像素点的信息，只需要接收局部的像素点作为输入，只对一小块图像进行卷积运算，提取最有效的特征，再传到后面的网络。因此，可以提取图像中的基础性特征，包括不同方向的线条或轮廓，再经过组合和抽象形成更高阶的特征，理论上也保持了图像缩放、平移和旋转的不变性。

假设图像是尺寸为 1000 像素 ×1000 像素的黑白图像，那么一张图像就有 100 万个像素点，输入数据的维度也是 100 万。接下来，如果连接一个相同大小的隐含层（100 万个隐含节点），那么将产生 1 万亿个连接。仅仅一个全连接层（Fully Connected Layer）就有 1 万亿连接的权重要去训练，这已经超出了普通硬件的计算能力。

为了解决这个问题，可以设置每一个感受野（Receptive Field of Vision）只接受一小块区域的信号。这一小块区域内的像素是互相关联的，将所有神经元收到的局部信息综合起来就可以得到全局信息。这样，就可以将之前的全连接模式修改为局部连接，之前隐含层的每一个隐含节点都和全部像素相连，现在只需要将每一个隐含节点连接到局部的像素节点。假设局部感受野大小是 10×10，即每个隐含节点只与 10×10 个像素点相连，那么现在就只需要 $10 \times 10 \times 100$ 万 $=1$ 亿个连接，这相比之前的 1 万亿缩小了 1 万倍。

图 3.3 展示了局部 3×3 像素感受野的情况，对应的卷积神经网络将是一个隐含层节点，只与 3×3 的 9 个像素点相连接。从图中可以看出，就像有一个 3×3 的感受野窗口在原始图像上滑动。

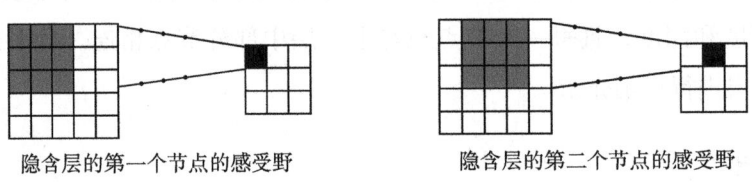

隐含层的第一个节点的感受野　　　　隐含层的第二个节点的感受野

图 3.3　局部感受野及窗口滑动示意图

3.1.2　卷积神经网络的结构

1. 整体结构

一个卷积神经网络由不同的层（layer）组成，一般包括若干个卷积层（CONV）、池化层（POOL）和全连接层（FC）。可以根据需要构建不同结构的卷积神经网络。卷积神经网络的结构可以简单记为：

$$\text{INPUT} \rightarrow [[\text{CONV}]*N \rightarrow \text{POOL}]*M \rightarrow [\text{FC}]*K$$

其含义是卷积神经网络由 N 个卷积层叠加，然后叠加一个池化层，重复这个结构 M 次，最后叠加 K 个全连接层。

例如，对于如图 3.4 所示的卷积神经网络，按照上述模式可以简单记为：

$$\text{INPUT} \rightarrow [[\text{CONV}]*1 \rightarrow \text{POOL}]*2 \rightarrow [\text{FC}]*2$$

即 $N=1$、$M=2$、$K=2$。

在卷积神经网络中，卷积层的作用是通过卷积计算对输入进行特征提取和特征映射。图 3.4 所示的第一个卷积层对这幅图像进行了卷积操作，通过三个卷积核（Kernel）对原始输入图像卷积得到了 3 个特征图（Feature Map）。可以根据需要自行设定一个卷积层中卷积核的数量。

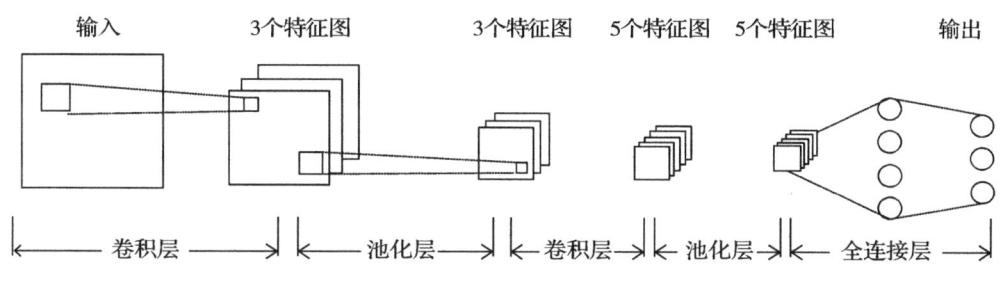

图 3.4　卷积神经网络结构示例图

卷积神经网络中，池化层的作用是压缩数据和参数的量，从而进一步简化计算，减少过拟合。如图 3.4 所示，在第一个卷积层之后，池化层对 3 个特征图做下采样（通过去掉特征图中不重要的样本，进一步减少参数数量），得到了 3 个更小的特征图。接着是第二个卷积层，它有 5 个卷积核，每个卷积核都把前面池化层下采样后的 3 个特征图卷积在一起，得到一个新的特征图。5 个卷积核就得到了 5 个特征图。后面是第二个池化层，继续对 5 个特征图进行下采样，得到了 5 个更小的特征图。

图 3.4 所示的卷积神经网络的最后两层是全连接层。在经过多轮卷积层和池化层的处理后，通过全连接层整合卷积层或者池化层中具有类别区分性的局部信息，减少了特征信息的损失。全连接层中的每个神经元与其前一层的所有神经元进行全连接，最后得到整个网络的输出。

2. 卷积层

（1）卷积核

卷积层中可能会有多个不同过滤器（Filter），每个过滤器都由卷积核构成。卷积核用来提取不同的特征，分别滤波映射出不同的新图像，即将当前节点的矩阵转化为下一层网络中相应节点的矩阵。过滤器的尺寸和卷积核的尺寸相同，即长和宽都是由人工指定的。常用的卷积核尺寸有 3×3 或 5×5。过滤器还需要设置通道（Channel）数，也叫卷积核的深度。卷积核的尺寸代表输出的特征图的矩阵尺寸，而深度指的是输入节点矩阵的深度。例如，在进行图像分析时，卷积神经网络输入层的宽度和高度对应于输入图像的宽度和高度，输入层的深度由图像的色彩通道决定。如果输入的是一幅黑白图像，只有一个通道，则过滤器是一维的，即卷积核的深度为1，或者说一个过滤器只有一个卷积核。如果输入的是 RGB 图像，有红、绿、蓝3种颜色，那么就有3个通道，那么过滤器就是3维的，卷积核的深度就是3，或者说一个过滤器有3个卷积核，而且每个卷积核可以不同。图3.5展示了处理有3个通道的 RGB 彩色图像、过滤器和卷积核的情况。该图输入的彩色图像的高度、宽度和深度（通道）是 $6\times6\times3$，网络结构有2个过滤器，尺寸都是 3×3（还可以按需设置为 5×5），通道数是3，即每个过滤器有3个卷积核，与输入图像的深度保持一致。

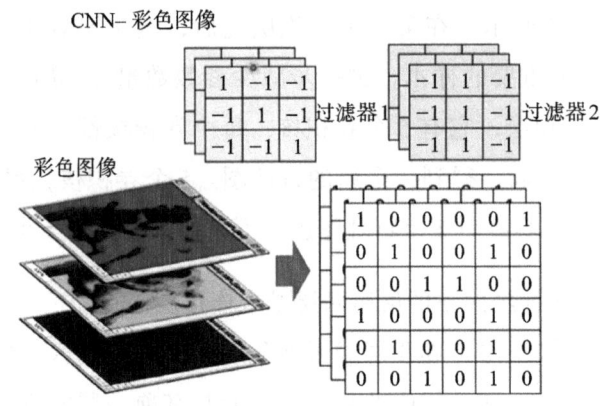

图 3.5　卷积核的尺寸和深度示意图

（2）卷积计算

通过卷积计算，可从原始图像中得到一个特征图矩阵 A。一个 $N\times N$ 大小的卷积核处理后得到的特征图中元素值 $a_{i,j}$ 的计算公式为：

$$a_{i,j}=f\left(\sum_{m=1}^{N}\sum_{n=1}^{N}w_{m,n}x_{i+m,j+n}+w_b\right) \qquad (3.1)$$

其中，$a_{i,j}$表示特征图第i行第j列的元素，$x_{i,j}$表示原始图像第i行第j列的元素，$w_{m,n}$表示卷积核第m行第n列的元素，w_b为偏置项。f为激活函数，在卷积计算中一般选用ReLU函数作为激活函数。

图3.6展示了原始图像为5×5矩阵、卷积核为3×3矩阵时，卷积计算特征图元素的情况。对于特征图左上角的$a_{1,1}$和$a_{1,2}$元素来说，假设偏置值w_b都为0，根据式（3.1），可得其卷积计算结果分别为：

$$a_{1,1}=f\left(\sum_{m=1}^{3}\sum_{n=1}^{3}w_{m,n}x_{1+m,1+n}+w_b\right)=4$$

$$a_{1,2}=f\left(\sum_{m=1}^{3}\sum_{n=1}^{3}w_{m,n}x_{1+m,2+n}+w_b\right)=3$$

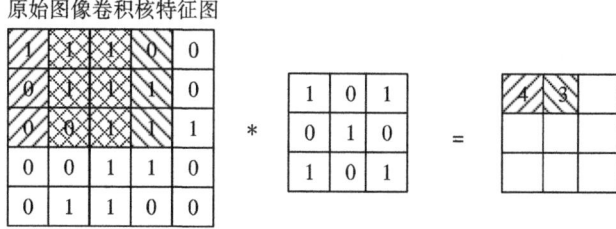

图3.6 卷积计算特征图中$a_{1,1}$和$a_{1,2}$的值示意图（$s=1$）

依次进行卷积计算得到特征图中所有元素的值a_{ij}，就得到了完整的特征图。

卷积计算过程如图3.6所示，卷积核窗口在原图上滑动。假设原始图像尺寸为$n\times n$，卷积核的尺寸为$f\times f$，如果滑动步长s（stride，表示卷积核在原图上水平方向和垂直方向每次的步进长度）为1，则卷积后特征图尺寸为：

$$\left\lfloor\frac{n-f}{s}+1\right\rfloor\times\left\lfloor\frac{n-f}{s}+1\right\rfloor \qquad (3.2)$$

其中$\lfloor\cdots\rfloor$表示向下取整。

在图3.6中，原始图像的像素为5×5，卷积核的尺寸为3×3，由于滑动步长为

1，因此卷积后特征图的尺寸为 3×3。图 3.7 所示的卷积计算的滑动步长为 2。因此，对于 5×5 的图像使用 3×3 的卷积核进行计算后，特征图尺寸是 2×2。

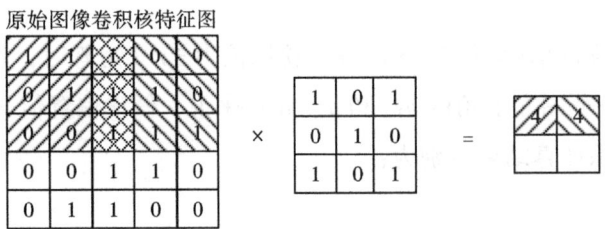

图 3.7　卷积计算特征图中 $a_{1,1}$ 和 $a_{1,2}$ 值示意图（$s=2$）

（3）参数共享

卷积层的计算方法实现了局部连接和权值共享，即每层神经元只和上一层部分神经元相连，且卷积核的权值对于上一层所有神经元都是一样的。对于包含两个尺寸为 3×3×3 的卷积核的卷积层来说，其参数数量仅有（3×3×3+1）×2=56 个，且参数数量与上一层神经元个数无关。与全连接神经网络相比，这大大减少了需要优化的参数数量。

参数共享就是同一个特征图像中每一个像素都来自完全相同的卷积核。共享卷积核的权重参数的目的就是降低模型的复杂度，减少计算量，并减轻过拟合，提高模型的泛化能力。当不再考虑图像大小或者网络节点的数目时，参数量只与卷积核的数量和大小有关，即可以用少量参数处理任意大小的图片。只要提供的卷积核数量足够多，同时能提取出足够多的基本特征，就可以抽象出原始图像中有效且丰富的高阶特征。一般来说，第一个卷积层使用 100 个卷积核就足够了。

（4）填充像素（padding）

按照上面的方法进行卷积计算存在两个问题。一是卷积后的矩阵越来越小，例如，有 100 个卷积层，每一层都缩小，那么最终得到的将是很小的特征图；二是输入矩阵边缘像素只被计算过一次，而中间像素被卷积计算多次，这就意味着丢失了图像的边缘和角落信息。

为了解决这两个问题，需要对输入图像进行填充像素，即对原始图片尺寸进行扩展，且扩展区域都补零，如图 3.8 所示。

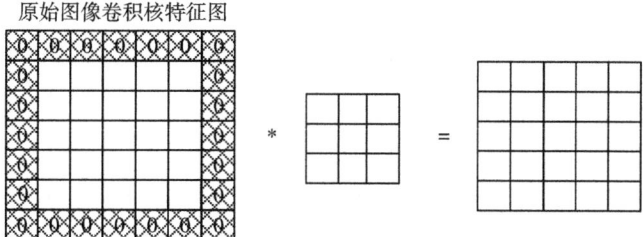

图 3.8　图像填充后的卷积示意图

用 p 表示在每个方向上扩展的宽度，原始图片尺寸变为 $(n+2p)\times(n+2p)$，则卷积后的特征图尺寸为：

$$\left\lfloor \frac{n+2p-f}{s}+1 \right\rfloor \times \left\lfloor \frac{n+2p-f}{s}+1 \right\rfloor \quad (3.3)$$

其中 $\lfloor \cdots \rfloor$ 表示向下取整。

3. 池化层

池化（Pooling）层的主要工作是下采样。池化运算类似于卷积运算，也是通过移动过滤器来完成。池化运算不是计算节点的加权和，而是计算最大值或平均值，即最大池化（Max Pooling）和平均池化（Mean Pooling）。其中最大池化应用广泛。

最大池化是指在过滤器滑动窗口区域内取最大值，忽略其他值。这样既保留了图像中的关键特征，又降低了噪声的影响，提高了模型的健壮性。

例如，在图 3.9 中，$\begin{pmatrix} 1 & 3 \\ 5 & 7 \end{pmatrix}$ 中最大的是 7，$\begin{pmatrix} 2 & 4 \\ 8 & 6 \end{pmatrix}$ 中最大的是 8，$\begin{pmatrix} 6 & 9 \\ 8 & 4 \end{pmatrix}$ 中最大的是 9，$\begin{pmatrix} 5 & 1 \\ 2 & 7 \end{pmatrix}$ 中最大的是 7，因此最大池化后的结果为 $\begin{pmatrix} 7 & 8 \\ 9 & 7 \end{pmatrix}$。

池化层的过滤器也需要人工设定尺寸，另外，还需要确定是否填充像素和设置步长等。

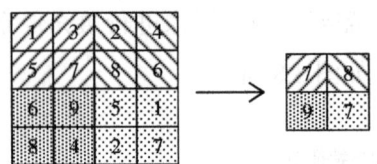

图 3.9 最大池化示例图

4. 训练过程

如图 3.10 所示,卷积神经网络的训练过程分为两个阶段。第一个是数据由低层次向高层次传播的阶段,即前向传播阶段。将图像矩阵输入卷积神经网络,通过卷积层、池化层的运算,提取图像特征,通过全连接层获取整体特征,并通过 softmax 函数分类后输出结构。然后,将结果与实际标签进行比较,计算误差。另外一个阶段是,当前向传播得出的结果与预期不符时,将误差从高层次向底层次进行传播训练,即反向传播阶段。这个阶段通过梯度下降算法,不断更新参数和权值,从而不断缩小误差,达到预期效果。

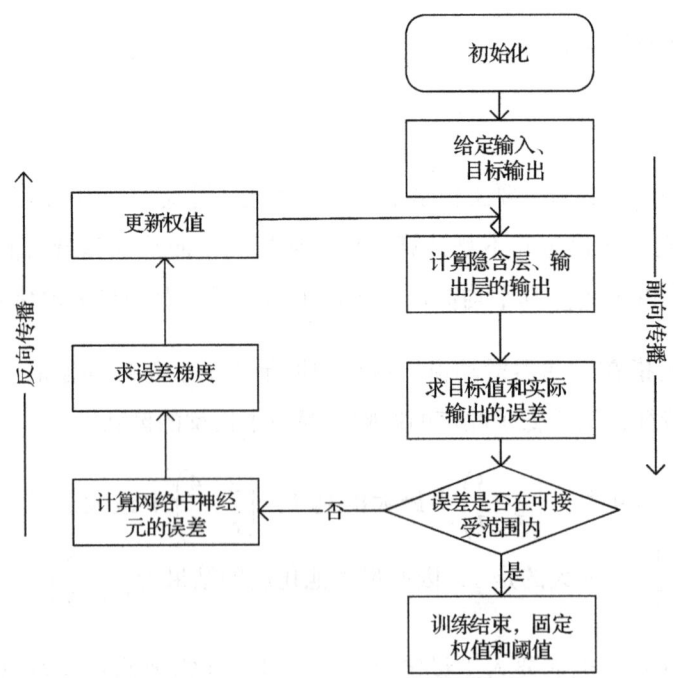

图 3.10 卷积神经网络的训练过程

3.1.3 卷积神经网络的常用架构

1. 卷积神经网络架构的发展历史

下面回顾一下卷积神经网络的历史。最近几十年,卷积神经网络得到了飞速发展,各种改进架构层出不穷。1957 年,Perceptron(感知机)由 Frank Resenblatt 提出,Perceptron 不仅是卷积网络的基础,也是神经网络的鼻祖。1962 年,Hubel 和 Wiesel 通过猫脑实验发现图片的边缘会引起猫的神经元的兴奋,这对人工智能的发展起到了重要作用。1980 年,日本科学家 Kunihiko Fukushima 提出了一个包含卷积层、池化层的神经网络结构 Neocognitnm(神经感知机),这是一种多层级的神经网络,具有一定程度的视觉感知功能,直接启发了后来的卷积神经网络。CNN 之父 Yann LeCun 于 1997 年提出了 LeNet-5 结构,首次阐述了多层级联的卷积结构,该模型可对手写数字进行有效识别。

2012 年,Hinton 的学生 Alex 依靠 8 层深度的卷积神经网络一举获得了 ILSVRC 2012 比赛的冠军,这激发了人们对卷积神经网络的研究兴趣。AlexNet 成功运用了 ReLU 激活函数、Dropout、最大覆盖池化、LRN 层、GPU 加速等新技术,并推动了后续更多的技术创新。

在 AlexNet 之后,卷积神经网络的发展可分为两类,一类是网络结构上的改进调整,另一类是网络深度的增加。2013 年,颜水成教授的论文"Network in Network"提出了优化的卷积神经网络结构,并推广了 1×1 的卷积结构。2014 年,Google Inception Net V1 提出了 Inception Module,该模型可以反复堆叠形成高效的卷积网络结构,并获得了当年 ILSVRC 比赛的冠军。2015 年年初,Inception V2 提出了 Batch Normalization 技术,大大加快了训练过程,提升了网络性能。2015 年年末,Inception V3 继续优化了网络结构,提出了 Factorization in Small Convolutions 的思想,将大尺寸卷积分解为多个小卷积乃至一维卷积。

在加深网络层数的研究方面,2014 年,ILSVRC 比赛的亚军 VGGNet 使用 3×3 的卷积成功训练了深达 19 层的网络。2015 年,微软的 ResNet 成功训练了 152 层深的网络,一举拿下了当年 ILSVRC 比赛的冠军,top-5 错误率降低至 3.46%。其后更新的 ResNet V2 增加了 Batch Normalization，并去除了激活层而使用 Identity Mapping 或 Preactivation，进一步提升了网络性能。

2016 年，通过将 Inception 和 ResNet 结合在一起，谷歌推出了 Inception-ResNet-v1、Inception-ResNet-v2 和 Inception-v4。DenseNet 通过互相连接所有的层这一激进的密集连接机制实现特征重用，既大幅度减少了网络的参数数量，又在一定程度上避免了梯度消失问题。Chollet 提出了一种完全基于深度可分离卷积层的卷积神经网络体系结构 Xception，它是 Inception 体系结构假设的增强版本，其中深度可分离卷积技术可以将标准卷积分解成深度卷积以及一个 1×1 的卷积（即逐点卷积）。

2017 年，神经网络模型轻量化逐渐引起人们的关注，常见的手段分为两种：设计轻量化网络模型以及对已经训练好的复杂网络进行压缩（比如进行降低精度、剪枝等处理）。Han 等人提出了一种轻量且高效的 CNN 模型 SqueezeNet，它由模块化的卷积组合堆叠而成，并结合深度模型压缩技术，参数数量比 AlexNet 少 50 倍，但模型性能与 AlexNet 接近。谷歌也提出了一个轻量化模型 MobileNet，后来发展为 Baseline Model。MobileNet 也是一种基于深度可分离卷积的模型。Face++ 的张翔宇推出了一种高效的移动端卷积神经网络模型 ShffuleNet，在保持精度的同时大大降低了模型的计算量。自动驾驶公司 Momenta 公布的全新图像识别结构 SENet，通过对特征通道间的相关性进行建模，通过强化重要的特征来提升准确率，成功获得了 2017 年的 ILSVR 冠军。2018 年，基于 MobileNet 和 ShffuleNet，谷歌和 Face++ 分别推出了 MobileNet V2 和 ShffuleNet V2。

图神经网络（Graph Neural Network，GNN）的相关研究也逐渐受到重视。Kipf 和 Welling 在 2016 年提出了图卷积网络（Graph Convolutional Network，GCN），在一些基准图数据集上取得了当时最佳的分类结果。2017 年，他们又提出了 R-GCN，证明 GCN 可以应用于关系网络中，特别是链接预测和实体分类中。Peter 提出了一种新的应用于图数据上的网络（Graph Attention Network，GAT），通过自注意力克服了先前图卷积网络的短板。2018 年，Yao Liang 将 GCN 用于文本分类，使用 GCN 对文本进行建图，并利用单词和文档作为节点。

在残差网络领域，也不断涌现新的模型。2016 年微软的何恺明提出了一个深度残差网络框架，利用信号叠加合并的优点，解决了超深度 CNN 网络训练的问题。2020 年提出的深度残差收缩网络是深度残差网络的一种改进，针对的是数据中含有噪声或冗余信息的情况。通过将软阈值函数引入深度残差网络的内部，消除了冗余特征，增强了高层特征的判别性。

可以看到，自 2012 年提出 AlexNet 后，针对深度学习领域的研究发展极其迅速。新技术的出现往往伴随着更新的网络结构、更复杂的网络的训练方法等，它们在图像识别等应用领域也不断创造新的准确率纪录。至今，ILSVRC 比赛和卷积神经网络的研究依然处于高速发展阶段，CNN 的技术日新月异。

2. VGGNet

VGGNet 是牛津大学和谷歌公司共同研发的深度卷积神经网络。该模型探索了卷积神经网络的深度与性能之间的关系，在 2014 年的 ImageNet 大型视觉识别挑战（ImageNet Large Scale Visual Recognition Challenge，ILSVRC）中获得定位任务第一名和分类任务第二名的优异成绩。

VGGNet 从网络深度这一角度出发，对卷积神经网络进行了改进。VGGNet 通过反复堆叠 3×3 小型卷积核和 2×2 最大池化层，成功构筑了 16～19 层深的卷积神经网络。而且，VGGNet 对其他数据集具有很好的泛化能力，因而得到了广泛的应用。

VGG Net 的主要特点如下。

- 训练网络时，输入的图像大小都是 224×224 像素，唯一的预处理步骤是减去均值。
- 所有的卷积层使用的都是 3×3 的卷积核。
- 为了使卷积后的特征图大小和卷积前相等，卷积核为 3×3 的卷积层的填充像素都设置为 1。
- 使用最大池化，但并不是所有的卷积层后面都跟着池化层，一共只有 5 个池化层。卷积核大小是 2×2，步长为 2。也就是说，和 AlexNet 不同，VGGNet 使用的是不重叠的池化。
- 所有网络模型的最后三层都是全连接层。其中前两层都有 4096 个神经元，最后一层则有 1000 个神经元，每个神经元代表一个分类。
- 所有隐含层的激活函数都是 ReLU 函数，最后一层是 softmax 层。

为了评估深度对于网络性能的影响，VGGNet 采用多种不同深度的网络结构进行对照。最浅的网络有 11 层，最深的网络有 19 层。这几种网络模型的结构如图 3.11 所示。

在 VGGNet 结构中，主要使用 3×3 的卷积核，因为 3×3 是能抓取局部信息的最小尺寸。而更大范围的感受野主要通过多层堆叠产生。比如，两层 3×3 的卷积层便可以得到 5×5 的感受野，相当于一层 5×5 的卷积层。以此类推，三层 3×3 的卷积层相当于一层 7×7 的卷积层。VGGNet 结构之所以不直接使用大的卷积核，而是使用多层 3×3 的卷积层堆叠达到类似效果的原因主要有以下两点。

- VGGNet 结构专注于增加整个系统结构的层数和深度。层数越多，深度越大，系统的非线性因素就越多，拟合复杂问题的能力和实现决策函数的判别力就越强。
- 采用较小的卷积核时，相同层深需要学习的参数可以显著减少。可以将较小的卷积核叠加较多层数看作对大的卷积核强加了正则化。

虽然和 AlexNet 相比，VGGNet 的参数更多、深度更深，但是收敛得更快。不仅是因为采用较小的卷积核有效降低了需要学习的参数维度，还因为 VGGNet 在训练期间对某些层进行了预初始化技术。对于深度网络来说，网络权值的初始化直接影响收敛的速度和效果。为此，VGGNet 首先训练一个浅层的网络结构。在训练这个浅层的网络时，采用随机初始化网络内部连接权值的方法。由于此时网络深度较浅，可以很快得到一套网络权重参数。当训练深层的网络时，前四个卷积层和最后三个全连接层直接使用浅层网络训练中得到的权重参数进行初始化，这样比用随机值进行收敛处理的起始点更逼近于理想值，从而提高了 VGGNet 的收敛速度。

3. ResNet

VGGNet 网络在 AlexNet 的基础上通过增加网络深度大幅提高了网络性能，从而证明神经网络的宽度和深度对于提高神经网络的性能具有至关重要的作用。但对于传统的神经网络，如果简单地增加神经网络层数的深度，会导致梯度下降或梯度爆炸问题。虽然之后出现的正则化（Batch Normalization）技术部分解决了这一问题，使得神经网络的深度达到了几十层,但仍然不能解决退化问题。所谓退化问题就是当网络层数增加到一定程度之后,在训练集上的准确率会达到饱和甚至会下降。这时再增加网络层深已经不能提高系统性能了。退化问题的出现说明神经网络的层次深度是不能随意扩展的。

ConvNet Configuration					
A	A-LRN	B	C	D	E
11 个权重层	11 个权重层	13 个权重层	16 个权重层	16 个权重层	19 个权重层
输入 (224 × 224 RGB 图像)					
conv3-64	conv3-64 **LRN**	conv3-64 **conv3-64**	conv3-64 conv3-64	conv3-64 conv3-64	conv3-64 conv3-64
maxpool					
conv3-128	conv3-128	conv3-128 **conv3-128**	conv3-128 conv3-128	conv3-128 conv3-128	conv3-128 conv3-128
maxpool					
conv3-256 conv3-256	conv3-256 conv3-256	conv3-256 conv3-256	conv3-256 conv3-256 **conv1-256**	conv3-256 conv3-256 **conv3-256**	conv3-256 conv3-256 conv3-256 **conv3-256**
maxpool					
conv3-512 conv3-512	conv3-512 conv3-512	conv3-512 conv3-512	conv3-512 conv3-512 **conv1-512**	conv3-512 conv3-512 **conv3-512**	conv3-512 conv3-512 conv3-512 **conv3-512**
maxpool					
conv3-512 conv3-512	conv3-512 conv3-512	conv3-512 conv3-512	conv3-512 conv3-512 **conv1-512**	conv3-512 conv3-512 **conv3-512**	conv3-512 conv3-512 conv3-512 **conv3-512**
maxpool					
FC-4096					
FC-4096					
FC-1000					
softmax					

图 3.11 VGGNet 多种模型结构图

ResNet 就是网络深度扩展之后的改进策略,这一重大突破是由微软研究院的 4 位学者提出的。ResNet 在 2015 年的 ILSVRC 中获得了图像分类和物体识别的冠军。它的特点是容易优化,并且能够通过增加相当的深度来提高准确率。其内部的残差块使用了跳跃连接,人为地让神经网络某些层跳过下一层神经元的连接,隔层相连,弱化了每层之间的强联系，避免了在深度神经网络中增加深度导致的梯度消失问题。这样，我们就可以得到一种全新的残差结构单元，定义如下：

$$y = F(x, \{W_i\}) + x \tag{3.4}$$

其中，x 和 y 分别是输入和输出向量，$F(x, \{W_i\})$ 是要学习的残差映射。

如图 3.12 所示，残差单元的输出是由多个卷积层级联的输出和输入元素间相加（保证卷积层输出和输入元素维度相同），再经过 ReLU 激活后得到的。将这种结构级联起来，就得到了残差网络。

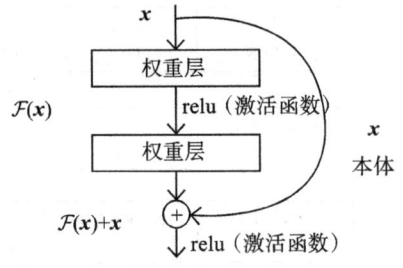

图 3.12 残差单元示意图

ResNet 有以下几个特点：

- 网络较"瘦"，即每层参数的数量相对较少。
- 存在明显层级，特征图个数逐层递进，保证了输出特征的表达能力。
- 使用的池化层较少，大量使用下采样，提高了传播效率。
- 没有使用 dropout，利用 BN（Batch Normalization）和全局平均池化进行正则化，加快了训练速度。

如图 3.13 所示，以 VGGNet-19 模型（左）作为参考搭建普通网络（中）。卷积层主要有 3×3 的过滤器，并遵循两个简单的设计规则：输出相同尺寸的特征图的卷积层具有相同数量的过滤器；如果特征图尺寸减半，则过滤器数量加倍，以保持每层的时间复杂度。通过步长为 2 的卷积层执行下采样，网络以全局平均池化层和 1000 维的 softmax 全连接层结束。在普通网络的基础上插入跳跃连接，将网络转换为对应的残差版本（右）。当输入和输出具有相同的尺寸时，即图中实线连接，可以直接应用式（3.4）；当尺寸增大时，即图中虚线连接，可以考虑两个选项：跳跃连接仍然执行恒等映射，额外填充零输入以增加维度，这样做不会引入额外的参数，或者使用式（3.5）来匹配尺寸。

$$y = F(x, \{W_i\}) + W_s x \tag{3.5}$$

其中 W_s 是跳跃连接的线性映射。

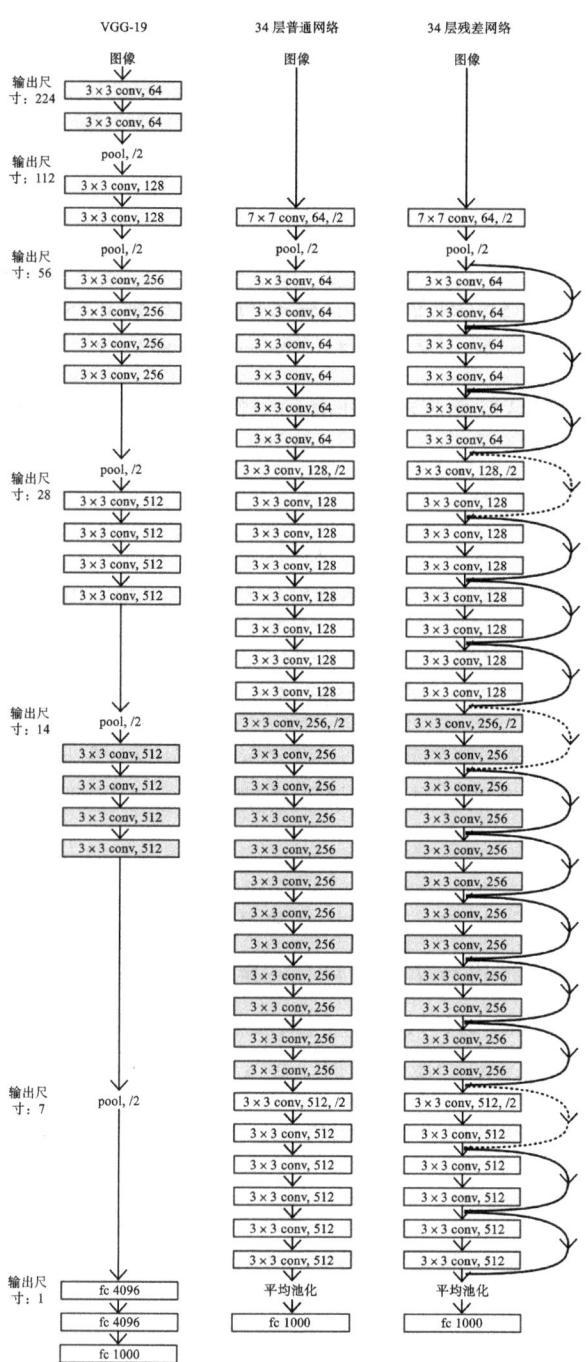

图 3.13 ImageNet 网络架构示例

3.2 循环神经网络

3.2.1 循环神经网络的基本概念

1. 问题的引入

传统神经网络和卷积神经网络的输出都是只考虑当前时刻输入的影响，不考虑其他时刻输入的影响。这是因为神经节点之间是相互独立的，输入与输出也是独立的。因此，对于一些与时间有关的问题，例如对视频的下一时刻的预测、文档前后文关联内容的预测等，这些算法就存在着局限性，不能得到有效的分析结果。

2. 循环神经网络的产生

1982年，Saratha Sathasivam 提出 Hopfield 网络，这是循环神经网络（Recurrent Neural Network，RNN）的起源。循环神经网络是一种特殊的神经网络结构，是一种以序列（sequence）数据为输入，在序列的演进方向进行递归（recursion）且所有节点（循环单元）按链式连接的递归神经网络（Recursive Neural Network）。它是根据"人的认知是基于过往的经验和记忆"这一观点提出的，不仅考虑前一时刻的输入，而且赋予网络对前面内容的一种"记忆"功能，即一个序列当前的输出与前面的输出有关。

循环神经网络具有记忆性、参数共享并且图灵完备（Turing Completeness），因此在对序列的非线性特征进行学习时具有一定优势。循环神经网络在自然语言处理（Natural Language Processing，NLP），例如语音识别、语言建模、机器翻译等领域有广泛应用，也被用于各类时间序列预报。引入了卷积神经网络结构的循环神经网络可以处理包含序列输入的计算机视觉问题。

3. 循环神经网络的结构

循环神经网络的结构依然遵循神经网络结构的基本规范，即整个网络包括一个输入层、若干个隐含层和一个输出层。

通常情况下，循环神经网络的连接也是全连接模式，即各层之间的任意一个神经元都与下一层的神经元有连接。与普通的神经网络相比，循环神经网络的关键变化是将神经元的输出作为一个分量加入输入序列中。循环神经网络模型的简明架构如图 3.14 所示。

在图 3.14 中，输入层 x 是一个多维向量，它表示输入层的值，其维度由输入层的神经元个数决定；s 是表示隐含层的最后输出值的多维向量，隐含层可以是多层，每层可以有多个节点，节点数与向量 s 的维度相同；U 是输入层神经元到隐含层神经元的连接权值矩阵；y 也是一个多维向量，它表示输出层的值；V 是隐含层到输出层的连接权值矩阵。将循环神经网络模型按照时间序列展开，如图 3.15 所示。

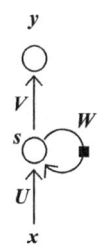

图 3.14 RNN 模型的简明架构

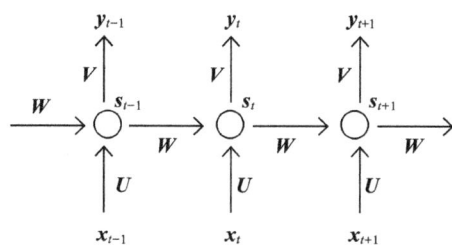

图 3.15 RNN 模型的时间序列表示架构

循环神经网络在 t 时刻接收到输入 x_t 之后，会叠加隐含层在上个时间序列得到的值 s_{t-1}，共同计算后产生 t 时刻的隐含层值 s_t，再经过权值矩阵 V 计算出整个网络在 t 时刻的输出 y_t。可见，循环神经网络的隐含层的值 s_t 不仅取决于当前的输入 x_t，还取决于上一次隐含层的输出值 s_{t-1}。连接权值矩阵 W 就是隐含层上一次的输出值作为这一次的输入值的加权值。

因此，可以得到循环神经网络的计算公式如下：

$$y_t = g(V * s_t) \tag{3.6}$$

$$s_t = f(U * x_t + W * s_{t-1}) \tag{3.7}$$

其中，V是输出层的权值矩阵，U是输入层的权值矩阵，W是上一次隐含层的值作为这一次的输入的权值矩阵，f和g是相关联层的激活函数。

显然，循环神经网络与普通的全连接神经网络的主要差别在于隐含层是一个循环层，需要额外叠加计算一个$W \times s_{t-1}$。

另外，从式（3.6）和式（3.7）可以看出，循环神经网络的输出值的计算实际上是一个递归过程。循环神经网络每个时刻的输出值会含有前面所有时刻输入值的相关项。

设输入向量x的维度是m，隐含层输出向量s的维度是n，则矩阵U的维度是$n \times m$，矩阵W的维度是$n \times n$。将公式展开，可得：

$$\begin{bmatrix} s_1^t \\ s_2^t \\ \vdots \\ s_n^t \end{bmatrix} = f \left(\begin{bmatrix} u_{11} & u_{12} & \cdots & u_{1m} \\ u_{21} & u_{22} & \cdots & u_{2m} \\ \vdots & \vdots & & \vdots \\ u_{n1} & u_{n2} & \cdots & u_{nm} \end{bmatrix} \begin{bmatrix} x_1 \\ x_2 \\ \vdots \\ x_m \end{bmatrix} + \begin{bmatrix} w_{11} & w_{12} & \cdots & w_{1n} \\ w_{21} & w_{22} & \cdots & w_{2n} \\ \vdots & \vdots & & \vdots \\ w_{n1} & w_{n2} & \cdots & w_{nn} \end{bmatrix} \begin{bmatrix} s_1^{t-1} \\ s_2^{t-1} \\ \vdots \\ s_n^{t-1} \end{bmatrix} \right) \quad (3.8)$$

其中，s、u、x、w表示对应向量的一个元素，它的下标表示它是这个向量的第几个元素，s的上标表示第几个时刻。例如，s_n^t表示隐含层输出向量s的第n个元素在t时刻的值。u_{nm}表示输入层第m个神经元到循环层第n个神经元的连接权值。w_{ij}表示循环层第$t-1$时刻的第j个神经元到循环层第t时刻的第i个神经元的连接权值。

4. 循环神经网络的训练算法

循环神经网络的各连接权值系数依然是通过训练求得的。其基本原理与前面介绍的全连接神经网络的反向传播算法一样，也包含三个步骤：首先利用前向传播算法计算每个神经元的输出值，注意每个输出值都是上一个时刻输出值的函数；然后利用反向传播计算每个神经元的误差项δ，它是损失函数E对神经元的加权输入值的偏导数，注意神经元的输入值包含上一时刻的输出值结果；最后将权值矩阵W在各个时刻的梯度累加起来，可得循环层权值矩阵W的梯度公式为：

$$\nabla wE = \sum_{i=1}^{t} \nabla w_i E = \begin{bmatrix} \delta_1^t s_1^{t-1} & \delta_1^t s_2^{t-1} & \cdots & \delta_1^t s_n^{t-1} \\ \delta_2^t s_1^{t-1} & \delta_2^t s_2^{t-1} & \cdots & \delta_t^t s_n^{t-1} \\ \vdots & \vdots & & \vdots \\ \delta_n^t s_1^{t-1} & \delta_n^t s_2^{t-1} & \cdots & \delta_n^t s_n^{t-1} \end{bmatrix} + \cdots + \begin{bmatrix} \delta_1^1 s_1^0 & \delta_1^1 s_2^0 & \cdots & \delta_1^1 s_n^0 \\ \delta_2^1 s_1^0 & \delta_2^1 s_2^0 & \cdots & \delta_2^1 s_n^0 \\ \vdots & \vdots & & \vdots \\ \delta_n^1 s_1^0 & \delta_n^1 s_2^0 & \cdots & \delta_n^1 s_n^0 \end{bmatrix} \quad (3.9)$$

用随机梯度下降算法更新权值矩阵系数，从而求得循环神经网络的具体参数。

5. 循环神经网络的类型及其应用场景

（1）多对多（many-to-many，$T_x = T_y$）

输入/输出长度相同的多对多循环神经网络如图3.16所示。它是经典的循环神经网络结构，每个时刻都有一个输入，并有一个输出，且输入和输出长度相同。

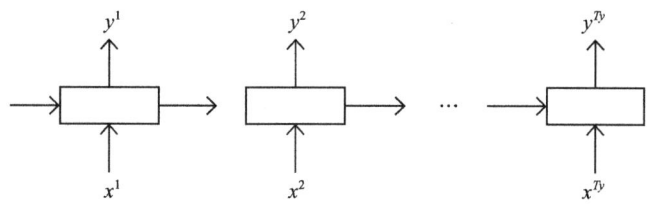

图3.16　多对多循环神经网络（$T_x = T_y$）

例如，处理命名实体识别、自动识别序列中的人名位置等问题时，输入序列的每个单词都对应一个输出值，表明该单词是否是人名的一部分，因此，输入长度和输出长度相同。

（2）多对多（many-to-many，$T_x \neq T_y$）

输入和输出长度不相同的多对多循环神经网络如图3.17所示。

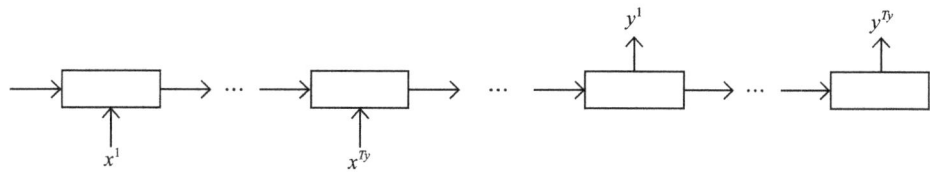

图3.17　多对多循环神经网络（$T_x \neq T_y$）

这种结构又叫 Encoder-Decoder 模型，也可以称之为 Seq2Seq 模型。它的输入和输出都是序列，但长度不同。先将输入数据编码成一个上下文向量 c，再用另一个循环神经网络对其进行解码。

例如，处理如下问题时，输入和输出长度不相等。

- 机器翻译：输入中文，得到英文。
- 文本摘要：输入一段文本序列，输出这段文本序列的摘要序列。
- 阅读理解：将输入的文章和问题分别编码，再对其进行解码得到问题的答案。
- 语音识别：输入语音信号序列，输出文字序列。

（3）多对一（many-to-one）

多对一的循环神经网络如图 3.18 所示。循环神经网络读入整个序列，最后得到一个输出。

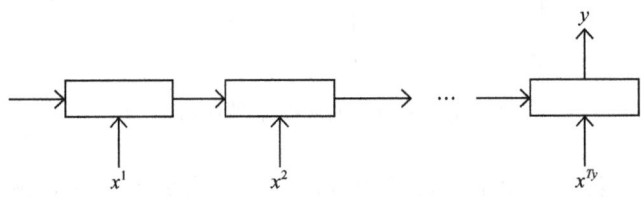

图 3.18　多对一循环神经网络

例如，处理情感分类问题时，x 可能是一段文本，比如一个电影的评论，那么 x 就是一个序列；y 可能是从 1～5 的一个数字，表示星级，也可能是 0 或 1，表示正面评价或负面评价。

（4）一对多（one-to-many）

一对多的循环神经网络如图 3.19 所示。循环神经网络只有一个输入，得到一个输出序列。

例如，处理音乐生成问题时，输入想要的音乐类型或者音乐的第一个字符，甚至什么都不输入，就能输出一段音符。

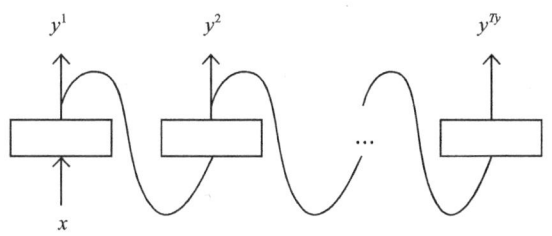

图 3.19　一对多循环神经网络

（5）一对一（one-to-one）

一对一的循环神经网络如图 3.20 所示。它是一个小型的标准神经网络，输入 x，输出 y。

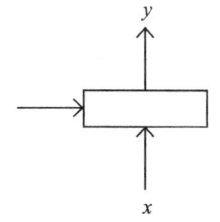

图 3.20　一对一循环神经网络

3.2.2　循环神经网络的应用——语言模型

循环神经网络具有处理序列数据的能力，即前面的数据与后面的数据出现顺序是有关系的。循环神经网络的主要应用就是语言处理及相关场景。把词依次输入到循环神经网络中，每输入一个词，循环神经网络就能输出下一个最可能的词。

例如，将"中国女排获得奥运会冠军"输入到循环神经网络中，建立如图 3.21 所示的语言模型。其中，start 和 end 是两个特殊的词，分别表示一个序列的开始和结束。当输入"中国"这个词时，模型的输出是"女排"；当输入"女排"时，模型的输出是"获得"；以此类推。

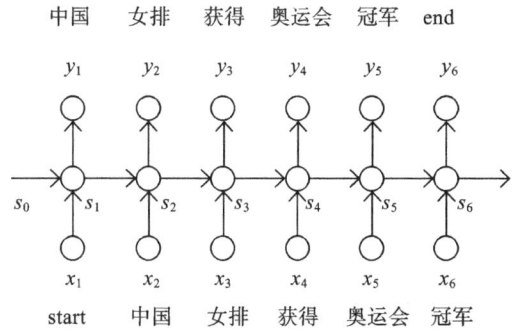

图 3.21　循环神经网络的语言模型输入输出示意图

1. 词向量化

由于神经网络的输入和输出都是向量,因此在建立语言模型处理前,必须把词表达成向量的形式。

对词进行向量化的方法如下。

首先,建立一个包含所有 N 个词的词典,每个词在词典里有唯一的编号。

其次,词向量化,即任意一个词都可以用一个 N 维向量表示。

词的向量化过程如图 3.22 所示。假设一个词在词典中的编号是 i,v 是表示这个词的向量,v_j 是词向量 v 的第 j 个元素,则:

$$v_j = \begin{cases} 1 & j = i \\ 0 & j \neq i \end{cases} \quad (3.10)$$

由于词典中的词汇量总数为 N,因此词典的每一个词都会转化为一个 $1 \times N$ 的一维向量,向量中除了该词汇在词典中对应编号位的值为 1,其他位都为 0。例如,新建一个包含 N 个词的词典,令"中国"这个词的编号为 180,则"中国"这个词的词向量只有第 180 位是 1,其他各位均是 0。词典的所有词汇经词向量化后就变成了一个 $N \times N$ 的高维、稀疏的矩阵(稀疏是指绝大部分元素的值都是 0)。

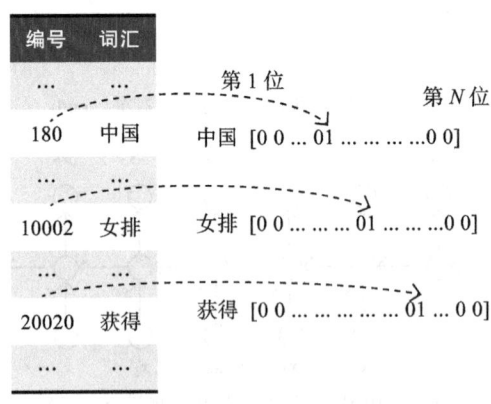

图 3.22 词汇的向量化过程

2. 训练集

在实际应用场景中,要达到每次向循环神经网络输入一个词就能输出下一个最可能的词的目的,需要提供大量的语料来对循环神经网络模型进行训练,即首先要有一个很大的文本语料库(指经科学取样和加工的大规模电子文本库)的训练集。

建立一个字典,并将每个单词转成一个词向量后,还要将 EOS(End Of Sentence)标记附加到训练集中每个句子的结尾。如果有些单词不在词典里(生词),可以把它替换为 UNK(unkown word)。建模时只针对 UNK 建立概率模型,而不针对具体的词。

训练语言模型的数据不需要人工标注其期望值,通过取第 0 到 $t-1$ 时刻的单词作为网络输入,第 t 时刻的单词作为网络输出的期望值(标签值)即可。

3. 训练模型

循环神经网络语言模型输出的是输入词汇后面最可能的词汇,即下一个词,循环神经网络会通过比较词典中每个词出现在下一个词位置的概率,输出其中概率最大的词。因此,循环神经网络的输出向量也是一个 N 维向量,向量中的每个元素对应词典中相应的词是下一个词的概率,如图 3.23 所示。

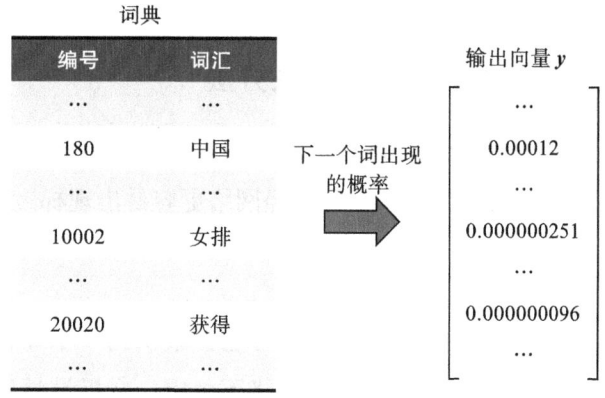

图 3.23 循环神经网络的输出向量

如图 3.23 所示,假设输入的是"中国女排获得奥运会冠军",则循环神经网络语言模型的训练构建过程如下:

①在第 0 时刻，输入向量 x_1 为 0 向量（表示一个序列的开始），对应的输入 s_0 也为 0 向量，输出层用一个 softmax 来输出概率 y_1。这一步要做的就是通过一个 softmax 层预测字典中任何一个词是第一个词的概率。如果字典中有 10 000 个词，则 softmax 层的输出可能也有 10 000（+2）个，包括（UNK 和 EOS）。

②在第 1 时刻，把第一个词"中国"的词向量作为输入，让模型告诉我们"中国"后面应该什么词，即此时 y_2 是输入"中国"后可能是哪个词的概率。

③接下来的时刻，y_3 是输入"中国女排"后可能是哪个词的概率。

④依次输入下一个词向量，每个步骤都会考虑前面出现过的词，输出的 y_i 是前面词序列出现以后可能是哪个词的概率。

⑤遇到 EOF 时结束。

4. 语言模型的应用

语言模型的应用非常广泛，比如在输入法中输入拼音就可以智能预测出可能的输出结果、在谷歌或百度搜索时自动填充可能的搜索文本等都是语言模型的应用。语言模型是很多涉及产生文字或预测文字概率的自然语言处理问题的组成部分，比如神经网络机器翻译的 Seq2Seq 模型可以被看作一个条件语言模型，它相当于在给定输入的情况下对目标语言的所有句子的估计概率，并选择其中概率值最大的句子作为输出。

3.2.3 循环神经网络的梯度问题及解决方法

循环神经网络由于存在反馈路径，每个当前输出都是由前面时刻的输入累积构成的结果。相比卷积神经网络结构，循环神经网络更容易出现梯度问题。

1. 循环神经网络的梯度爆炸问题

在循环神经网络中，误差梯度在更新中可能会累积到一个非常大的结果，这样的梯度会大幅度更新网络参数，进而导致网络不稳定。在极端情况下，权值会变得特别大，以至于溢出，这就是"梯度爆炸"现象。当网络中存在梯度爆炸风险时，会有一些明显的迹象。例如模型不稳定，权重变化非常大；模型无法在训练数据上收敛；模型的损失函数值在训练过程中变成非数（Not a Number，NaN）；等等。

针对梯度爆炸问题，以下几种方法可以有效地解决问题：

- 重新设计网络模型，使用层数更少的网络模型，或者训练时使用较小的时间步长更新（也被称为截断反向传播）。
- 使用梯度裁剪，在网络训练时检查并限制梯度的大小，如果梯度值大于某个阈值，就进行梯度裁剪。
- 采用正则化技术。正则化是通过对学习算法的修改，如在原约束函数上添加额外的约束和惩罚，改善模型在测试集上的表现，以达到减少泛化误差、提高模型泛化能力的目的。

2. 循环神经网络的梯度消失问题

语句中可能存在跨度很大的依赖关系，即某个单词可能与它距离较远的单词具有强依赖关系。而一般的循环神经网络模型中，每个元素受其周围元素的影响较大，从输出 y 得到的梯度很难传播回去，因此很难影响前层的权重，难以建立跨度较大的依赖性。在反向传播过程中，随着时间序列的不断深入，梯度指数级不断缩小，直到接近于 0，这就是"梯度消失"现象。

例如：

The **students** who won the prize **are** very happy.
The **student** who won the prize **is** very happy.

上面的两句话由于跨度很大，普通的循环神经网络中容易出现梯度消失的情况，捕捉不到它们之间的依赖，造成语法错误。

3. 解决办法

为了解决长序列训练过程中的梯度消失和梯度爆炸问题，1997 年，Hochreiter 和 Schmidhuber 设计了长短时记忆网络（Long Short Time Memory，LSTM）。LSTM 适合处理和预测时间序列中间隔和延迟非常长的重要事件。此后 LSTM 被进一步改进，并得到了广泛的应用。LSTM 应用的领域包括文本生成、机器翻译、语音识别、生成图像描述和视频标记等。

如图 3.24 所示，RNN 的神经元只有一个输出状态，但 LSTM 的神经元有两个输入状态，即一个细胞状态 C_t 和一个隐藏状态 h_t。

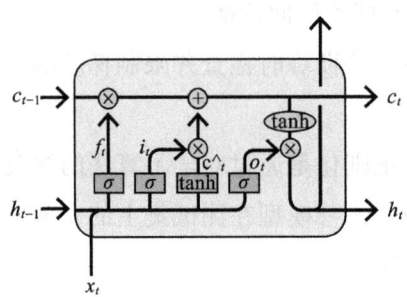

图 3.24　LSTM 神经元的内部结构

LSTM 的关键是 C_t，即 LSTM 单元上方从左贯穿到右的水平线，它像传送带一样将信息从上一个单元传递到下一个单元，和其他部分只有很少的线性作用。但是，只有 C_t 水平线无法实现添加或者删除信息，因此在 LSTM 中，通过设置门（gate）结构来实现这些处理过程，如图 3.25 所示。门可以实现选择性地让信息通过，这是通过一个 Sigmoid 的神经层和一个逐点相乘的操作来实现的。Sigmoid 层输出（是一个向量）的每个元素都是一个 0～1 之间的实数，表示让对应信息通过的权重（或者占比）。比如，0 表示"不让任何信息通过"，1 表示"让所有信息通过"。

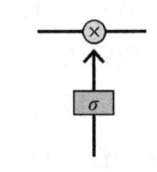

图 3.25　LSTM 的门

LSTM 通过三个类似的基本结构来实现信息的保护和控制。这三个门分别是遗忘门（forget gate）、输入门（input gate）和输出门（output gate）。

（1）遗忘门

LSTM 的遗忘门决定从神经元中丢弃什么信息。遗忘门是把上一单元的输出 h_{t-1} 和本单元的输入 x_t 输入 Sigmoid 函数，按式（3.11）计算得到 f_t，为 C_{t-1} 中的每一项产生一个在 [0,1] 内的值，以控制上一单元状态被遗忘的程度，1 表示"完全保留"，0 表示"完全舍弃"。

$$f_t = \sigma(W_f \cdot [h_{t-1}, x_t] + b_f) \tag{3.11}$$

（2）输入门

LSTM 的输入门决定让多少新的信息加入神经元的输入状态中。实现这个工作需要两个步骤：

首先，一个输入的 Sigmoid 层按照式（3.12）决定需要更新哪些信息：

$$i_t = \sigma(W_i \cdot [h_{t-1}, x_t] + b_i) \tag{3.12}$$

然后，一个输入的 tanh 层按照式（3.13）产生一个新的候选向量 $\tilde{C}_t$：

$$\tilde{C}_t = \tanh(W_C \cdot [h_{t-1}, x_t] + b_C) \tag{3.13}$$

（3）输出门

LSTM 的输出门用来计算神经元的输出：

$$C_t = f_t * C_{t-1} + i_t * \tilde{C}_t \tag{3.14}$$

$$o_t = \sigma(W_o[h_{t-1}, x_t] + b_o) \tag{3.15}$$

$$h_t = o_t * \tanh(C_t) \tag{3.16}$$

LSTM 通过门来控制传输状态，记住需要长时间记忆的信息，忘记不重要的信息。同时，因为引入了很多内容，导致参数变多，所以大大增加了训练难度。因此，通常会使用效果与 LSTM 相当但参数更少、运行更快的 GRU 来构建大训练量的模型。

2014 年，Kyunghyun Cho 等提出了门控循环单元（Gated Recurrent Unit，GRU）的方案。GRU 有两个门，即一个重置门（reset gate）和一个更新门，输入均为当前时间步输入 x_t 与上一时间步隐藏状态 h_{t-1}，输出由激活函数为 Sigmoid 函数的全连接层计算得到。

重置门 R_t 和更新门 Z_t 的计算公式如下：

$$R_t = \sigma(x_t W_{xr} + h_{t-1} W_{hr} + b_r) \tag{3.17}$$

$$Z_t = \sigma(x_t W_{xz} + h_{t-1} W_{hz} + b_z) \tag{3.18}$$

候选隐藏状态 $\tilde{h}_t$ 的计算公式为：

$$\tilde{h}_t = \tanh(x_t W_{xh} + (R_t \odot h_{t-1}) W_{hh} + b_h) \qquad (3.19)$$

重置门控制了上一时刻的隐藏状态如何流入当前时刻的候选隐藏状态，可以用来丢弃与预测无关的历史信息。

当前时刻的隐藏状态 h_t 计算公式如下：

$$h_t = Z_t \odot h_{t-1} + (1 - Z_t) \odot \tilde{h}_t \qquad (3.20)$$

3.2.4 循环神经网络的改进

1. 双向循环神经网络

在预测一个语句中缺失的单词时，不仅要考虑之前的单词，也要考虑之后的单词，这就是双向循环神经网络（Bidirectional RNN，BRNN）的作用。

如图 3.26 所示，双向循环神经网络在每一个时刻 t，输入通过不同的隐含层连接前向及后向两个相反方向的循环神经网络，即前向的参数与后向的参数是不共享的。输出由两个循环神经网络共同决定。

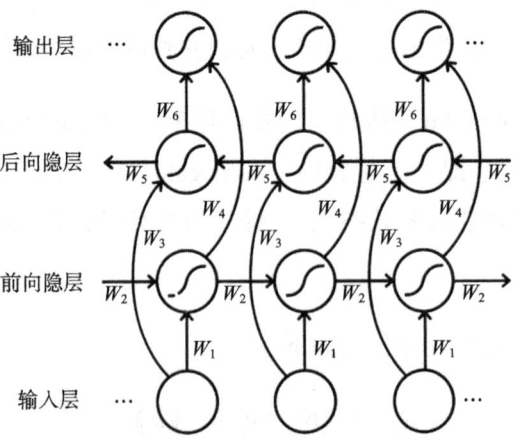

图 3.26 BRNN 模型结构图

2. 深层循环神经网络

深层循环神经网络（Deep RNN）通过将每一个时刻的循环体重复多次，增强模型的表达能力，如图 3.27 所示。

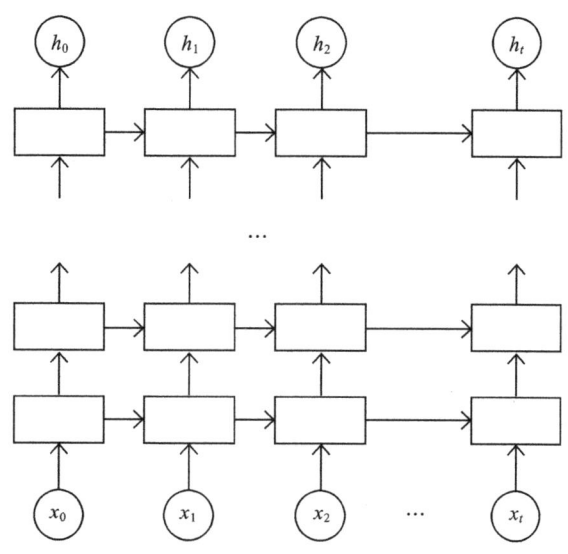

图 3.27 DRNN 模型结构图

每一层循环体中的参数是共享的，但不同层之间的参数可以不同。

3. dropout

RNN 在迭代运用状态转换操作，即"输入到隐藏状态"，实现任意长序列的定长表示时，会遇到对隐藏状态扰动过于敏感的问题，即初始状态的轻微扰动都会造成后续结果的巨大变化，因而模型不够稳健。

dropout 是指在深度学习网络的训练过程中，按照一定的概率将一部分神经网络单元暂时从网络中丢弃，相当于从原始的网络中找到一个更瘦的网络。如图 3.28 所示，循环神经网络通过在不同层循环体之间使用 dropout，降低过拟合，增强网络的鲁棒性。

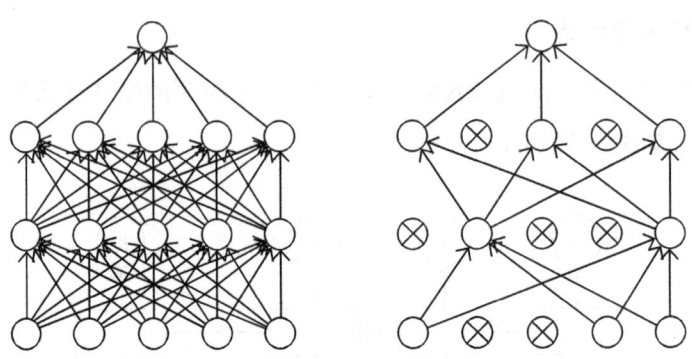

图 3.28 模型 dropout 训练示意图

dropout 的公式如下：

$$y = f(W \cdot d(x))$$

$$d(x) = \begin{cases} \text{mask} * x & \text{如果分阶段训练} \\ (1-p)x & \text{其他} \end{cases} \quad (3.21)$$

其中 p 为 dropout 率，mask 是以 $(1-p)$ 为概率的伯努利分布生成的二值向量。一般情况下，将 dropout 率设为 0.3～0.5。

需要注意的是，虽然训练时会停止训练一些神经元，但是测试时，整个模型都参与计算，不会 dropout 任何神经元。

4. CNN+RNN

卷积神经网络通过特征卷积可以处理更大规模的数据，特别是图像数据，而循环神经网络可以进行时间扩展、计算序列输出，因此，将卷积神经网络和循环神经网络相结合，可以同时处理大量具有时间和空间特性的信息。

例如，CNN 进行特征提取，结合 RNN 进行语句生成，可以完成图片标注；利用 RNN 进行特征提取，CNN 用于内容分类，可以完成视频分类；利用 CNN 进行特征提取，并通过 RNN 进行对话问答，可以完成图片问答等。

如图 3.29 所示，视频动作识别可以使用 CNN 和 LSTM 搭建多粒度时空网络模型来实现。视频由多个粒度的层次结构表示，从小到大依次为帧、连续帧、片段和视频。每个粒度都被建模为单个流。二维 CNN 用于对帧和连续帧进行建模，三维 CNN 用于对片段和视频进行建模，LSTM 用于进一步建模帧、连续帧和片段中的时间信息，在每个流的顶部构建一个 softmax 层，以获得来自每个组件的预测。最后，将各分量的预测分数与根据分数分布学习到的权重线性融合，得到输入视频的最终动作识别结果。

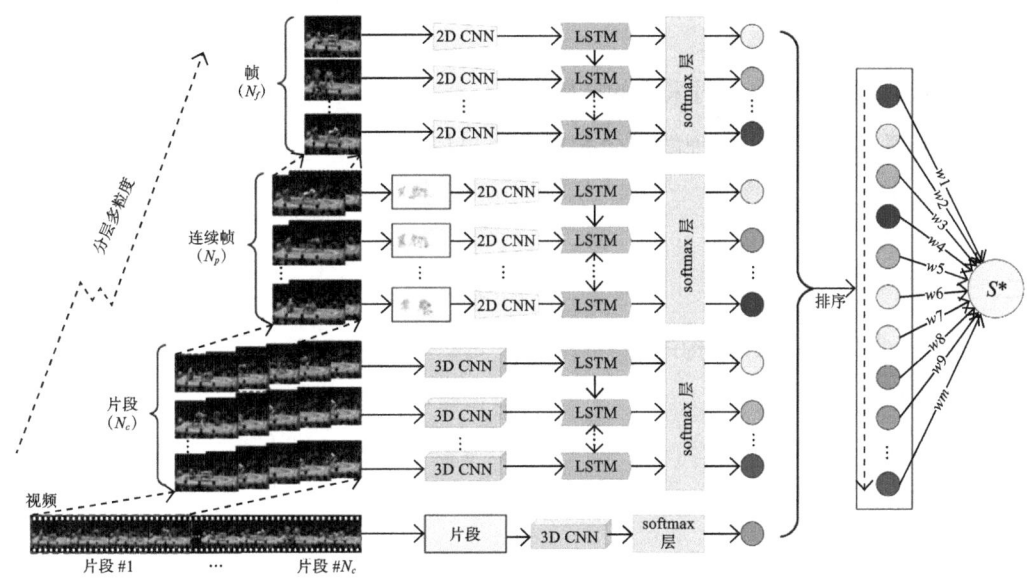

图 3.29 视频动作识别网络结构图

随着循环神经网络应用的推广和发展，更多基于 RNN 的优化结构也在不断推出，使循环神经网络的架构变得越来越丰富。

课后习题

一、填空题

1. 卷积神经网络主要包含输入层、_____和输出层。
2. 卷积神经网络的优势在于_____。

3. 卷积神经网络的结构可以简单记为_____。
4. 原始图像的像素为 7×7，卷积核的尺寸为 3×3，滑动步长为 2，则卷积核计算后的特征图的尺寸是_____。
5. 池化层的主要工作是下采样，常用的池化方法是_____和_____。
6. 循环神经网络对于处理_____数据最有效。
7. 循环神经网络的隐含层的值 s_t 不仅取决于当前的输入 x_t，还取决于_____。
8. 循环神经网络的输出向量也是一个 N 维向量，向量中的每个元素对应词典中相应的词是_____的概率。
9. 循环神经网络梯度爆炸时采取的措施是_____。
10. 将卷积神经网络和循环神经网络相结合，可以同时处理_____和_____大量具有特性的信息。

二、选择题

1. 下面属于常见的 CNN 架构的是（　　）。

   A. LeNet-5

   B. VGG-16

   C. ResNet

   D. 以上都是

2. 关于卷积神经网络，以下说法不正确的是（　　）。

   A. 卷积核越大越好

   B. 卷积层是通过卷积运算提取图像特征的

   C. 线性整流层主要是对卷积层的输出进行一个非线性映射

   D. 全连接层对特征进行重新拟合，减少了有效特征的损失

3. 下面说法正确的是（　　）。

   A. 隐含层的输入不仅包括输入层的输出，还包括上一时刻隐含层的输出

   B. 为了解决循环神经网络中梯度消失的问题，提出了 GRU 和 LSTM 等改进模型

   C. 循环神经网络基于时间反向传播，运用梯度下降法进行更新误差

   D. 以上都是

4. 关于循环神经网络类型，不正确的是（ ）。

　A. 可以采用循环神经网络的多对一模型分析情感分类问题

　B. 循环神经网络中输入和输出一定是等长的

　C. 可以采用一对多模型进行音乐的生成

　D. Encoder-Decoder 模型，也称为 Seq2Seq 模型，可以解决机器翻译和语音识别问题

三、简答题

1. 原始图像像素为 $\begin{matrix} 1 & 1 & 1 & 0 & 0 \\ 0 & 1 & 1 & 1 & 0 \\ 0 & 0 & 1 & 1 & 1 \\ 0 & 0 & 1 & 1 & 1 \\ 0 & 1 & 1 & 0 & 0 \end{matrix}$，卷积核为 $\begin{matrix} 1 & 0 & -1 \\ 1 & 0 & -1 \\ 1 & 0 & -1 \end{matrix}$，计算特征图。

2. 简述池化层的作用。

3. 简述 VGGNet 的特点。

4. 简述 ResNet 的特点。

5. 简述对词向量化的方法。

6. 简述循环神经网络梯度消失的原因。

7. 简述 GRU 和 LSTM 是如何解决梯度消失与梯度爆炸问题的。

8. 简述 dropout 对 RNN 的改进之处。

参考文献

[1] Lecun Y, Bottou L. Gradient-based learning applied to document recognition[J]. Proceedings of the IEEE, 1998: 2278-2324.

[2] Technicolor T, Related S, Technicolor T, et al. ImageNet Classification with Deep Convolutional Neural Networks[J]. ImageNet Classification with Deep Convolutional Neural Networks, 2017: 84-90.

[3] Simonyan K, Zisserman A. Very Deep Convolutional Networks for Large-Scale Image Recognition[J]. Computer Vision and Pattern Recognition, 2014.

[4] He K, Zhang X, Ren S, et al. Deep Residual Learning for Image Recognition[J]. IEEE Conference

on Computer Vision and Pattern Recognition (CVPR), 2016:770-778.

[5] D 'Informatique D E, Ese N, Esent P, et al. Long Short-Term Memory in Recurrent Neural Networks[J]. Ecole Polytechnique Federale de Lausanne(EPFL), 2001.

[6] Zaremba W, Sutskever I, Vinyals O. Recurrent Neural Network Regularization[J]. Eprint Arxiv, 2014.

[7] Shi X, Chen Z, Wang H, et al. Convolutional LSTM Network: A Machine Learning Approach for Precipitation Nowcasting[J]. Advances in Neural Information Processing Systems, 2015.

[8] Cho K, Merrienboer B V, Gulcehre C, et al. Learning Phrase Representations using RNN Encoder-Decoder for Statistical Machine Translation[J]. Computer Science, 2014.

[9] Li Q, Qiu Z, Yao T, et al. Action Recognition by Learning Deep Multi-Granular Spatio-Temporal Video Representation[C]. ACM, 2016.

[10] Hao X, Zhang G, Ma S. Deep Learning[J]. International Journal of Semantic Computing, 2016: 417-439.

[11] Iandola F N, Han S, Moskewicz M W, et al. SqueezeNet: AlexNet-level accuracy with 50x fewer parameters and <0.5MB model size[J]. IEEE Conference on Computer Vision and Pattern Recognition(CVPR), 2016.

[12] Paszke A, Chaurasia A, Kim S, et al. ENet: A Deep Neural Network Architecture for Real-Time Semantic Segmentation[J]. IEEE Conference on Computer Vision and Pattern Recognition, 2016.

[13] Hubel D H, Wiesel T N. Receptive fields, binocular interaction and functional architecture in the cat's visual cortex[J]. Journal of Physiology, 1962:106-154.

[14] Fukushima K. Neocognitron: A self-organizing neural network model for a mechanism of pattern recognition unaffected by shift in position[J]. Biological Cybernetics, 1980:193-202.

[15] Szegedy C, Ioffe S, Vanhoucke V. et al. Inception-v4, Inception-ResNet and the Impact of Residual Connections on Learning[J]. IEEE Conference on Computer Vision and Pattern Recognition(CVPR), 2016.

[16] Huang G, Liu Z, Laurens V, et al. Densely connected convolutional networks[C]. IEEE Computer Society, 2016.

[17] Chollet F. Xception: Deep Learning with Depthwise Separable Convolutions[C]. IEEE Conference on Computer Vision and Pattern Recognition (CVPR), 2017.

[18] Howard G, Zhu M, Chen B, et al. MobileNets: Efficient Convolutional Neural Networks for Mobile Vision Applications[J]. IEEE Conference on Computer Vision and Pattern Recognition (CVPR), 2017.

[19] Zhang X, Zhou X, Lin M, et al. Shufflenet: an extremely efficient convolutional neural network

for mobile devices[J]. IEEE Conference on Computer Vision and Pattern Recognition (CVPR), 2017.

[20] Jie H, Li S, Gang S, et al. Squeeze-and-Excitation Networks[J]. IEEE Transactions on Pattern Analysis and Machine Intelligence, 2017.

[21] Zhao M, Zhong S, Fu X, et al. Deep Residual Shrinkage Networks for Fault Diagnosis[J]. IEEE Transactions on Industrial Informatics, 2020:4681-4690.

[22] Kip F, Welling M. Semi-Supervised Classification with Graph Convolutional Networks[J]. Computer Science, 2016.

[23] Schlichtkrull M, Kipf T, Bloem P, et al. Modeling Relational Data with Graph Convolutional Networks[M]. Berlin: Springer, 2018.

[24] Velikovi P, Cucurull G, Casanova A, et al. Graph attention networks[C]. ICLR, 2017.

[25] He K, Zhang X, Ren S, et al. Deep Residual Learning for Image Recognition[J]. IEEE Conference on Computer Vision and Pattern Recognition (CVPR), 2016.

[26] Zhao M, Zhong S, Fu X, et al. Deep residual shrinkage networks for fault diagnosis. IEEE Transactions on Industrial Informatics, 2020:4681-4690.

[27] Yao L, Mao C, Luo Y. Graph Convolutional Networks for Text Classification[J]. Proceedings of the AAAI Conference on Artificial Intelligence, 2019:7370-7377.

CHAPTER 4

第4章

生成对抗网络和深度强化学习

生成对抗网络和深度强化学习是人工智能领域的两个热点话题，近年来在众多应用领域开始发挥作用。生成对抗网络基于博弈思想，能够通过学习旧的事物来创造新的事物；而深度强化学习有效地结合深度学习和强化学习的关键技术，实现了对复杂系统问题的感知与分析并具有进行正确决策的能力。

本章首先阐述生成对抗网络的博弈与训练过程，给出 DCGAN、EBGAN 和 WGAN 三种常见的生成对抗网络模型，并讨论生成对抗网络的应用方向。在深度强化学习部分，先介绍强化学习的基本原理和 Q-Learning 算法，在此基础上介绍深度强化学习的框架和几种常用的基本算法。

4.1 生成对抗网络

4.1.1 生成对抗网络概述

卷积神经网络致力于研究让计算机模仿人类去识别事物，而生成对抗网络（Generative Adversarial Network，GAN）则是学习如何创造新事物。生成对抗网络是一个博弈的过程。"博弈"的本意是下棋，现在通常用来描述在一定条件下，遵守一定的规则，一个或几个拥有绝对理性思维的人或团队从各自允许选择的行为或策略中进行选择并加以实施，并从中取得相应结果或收益的过程。通过博弈，生成对抗网络具备了学习"新知识"的能力。

2014 年，Ian Goodfellow 发表了论文"Generative Adversarial Networks"，标志着生成对抗网络正式诞生。他随后提出的深度卷积生成对抗网络，则是第一次在生成对抗网络中使用卷积神经网络。深度卷积生成对抗网络解决了原始生成对抗网络中存在的训练不稳定、模式崩溃和内部协变量转换等问题，取得了很好的效果。

生成对抗网络模型通过生成模型（Generative Model）和判别模型（Discriminative Model）的互相博弈以及不断学习产生正确的输出结果。生成模型的作用是尽量去模仿、建模和学习真实数据的分布规律；而判别模型则要判别所得到的输入数据究竟是来自真实的数据分布还是来自一个生成模型。通过这两个内部模型之间不断的竞争，就可以提高两个模型的生成能力和判别能力。

以图像数据处理为例，生成对抗网络博弈的过程如下：由生成模型生成一些图片；由判别模型学习区分生成的图片和真实图片；由生成模型根据判别模型改进自己，生成新的图片；由判别模型再学习区分生成的图片和真实图片。这样的博弈场景会一直继续下去，直到生成模型和判别模型无法提升自己，此时生成模型就会成为一个比较完美的模型。

在原始生成对抗网络理论中，并不要求生成模型和判别模型都是神经网络，只需要是能拟合相应生成和判别的函数即可。但实际中一般均使用深度神经网络。生成对抗网络的优点在于生成对抗网络框架理论上可以训练任何生成网络，而大多数其他框架需要生成器有特定的函数形式，比如输出层必须是高斯化的；生成对抗网络可以学习到一个只在靠近真实数据的地方产生样本点的模型，其他框架需要生成器整个都是非零权值；生成对抗网络不需要遵循任何类型的因子分解去设计模型，所有的生成器和判别器都可以正常工作。生成对抗网络的缺点在于训练生成对抗网络需要达到纳什均衡，其训练过程的稳定性和收敛性难以保证，训练较为困难；生成对抗网络很难学习生成类似文本的离散数据；生成对抗网络一次产生所有像素，很难根据一个像素值去猜测另外一个像素值。

4.1.2 生成对抗网络的基本原理

1. 生成对抗网络的博弈过程

生成对抗网络以博弈论中二元零和博弈思想为基础，在系统框架内设置了一对互相对抗的模型：判别器和生成器。判别器的作用是正确区分真实数据和生成数据，从而使判别准确率最高；生成器的作用是尽可能逼近真实数据的潜在分布。基于博弈论的对抗机制，生成对抗网络避免了传统理论在建模过程中所需要的大量先验知识，提高了生成模型的性能。为了拟合真实世界的复杂数据并减少计算量，生成对抗网络中的生成器和判别器均采用了神经网络结构，并在对抗训练过程中使用随机梯度下降（Stochastic Gradient Descent，SGD）机制对神经网络的相关参数进行训练及优化，从而避免了应用马尔可夫链学习机制带来的配分函数计算问题，配分函数是将表达分布的函数的积分进行归一的归一化因子。在整个博弈过程中，两者不断提高各自的判别能力和生成能力，最终达到生成器与判别器之间的纳什均衡。博弈过程就是生成对抗网络的优化过程。

如图 4.1 所示，生成器是一个用来生成数据的神经网络，它接收一个随机的噪声 z，通过这个噪声生成新的数据，记作 $G(z)$；判别器也是一个神经网络，用来判别数据是不是"真实的"。它的输入参数是 x，x 代表数据，输出 $D(x)$ 表示 x 为真实数据的概率，如果输出为 1，表示是真实的数据，若输出为 0，就代表是假的数据。

在训练过程中，生成器 G 的目标是尽量生成真实的数据去欺骗判别器 D。而 D 的目标是尽量把 G 生成的数据和真实的数据区分开来。这样，G 和 D 构成了一个动态的"博弈过程"。理想状态下，博弈的结果是生成器 G 可以生成足以"以假乱真"的数据 $G(z)$。当判别器难以判定 G 生成的数

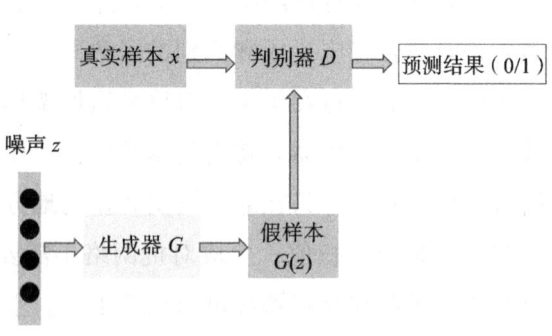

图 4.1 生成对抗网络结构

据是不是真实数据时，可以认为生成器已经捕捉到真实数据样本的分布。此时就得到了一个生成器的网络模型 G，可以用来生成新的数据。

2. 生成对抗网络的模型

在生成对抗网络中,生成器和判别器由神经网络构成,因此可以拟合成任意可微函数。为了使用随机梯度下降法对神经网络的相关参数进行优化,需要建立一个目标函数来控制优化进程。由于判别器是一个二分类模型,因此,可用交叉熵表示其目标函数,即:

$$J(D) = -\frac{1}{2}E_{x \sim P_{\text{data}}(x)}[\log D(x)] - \frac{1}{2}E_{z \sim P_z(z)}[\log(1-D(G(z)))] \quad (4.1)$$

其中 E 表示分布函数的期望,G 和 D 分别表示生成器与判别器的可微函数,x 是真实数据样本,$P_{\text{data}}(x)$ 表示真实样本分布,z 是随机噪声向量,$P_z(z)$ 表示随机噪声分布。$G(z)$ 是判别器的生成数据。式(4.1)的第一项表示 D 判断出 x 是真实数据的情况,第二项表示 D 判别出数据是由生成器 G 将噪声向量 z 映射而成的生成数据。

在生成器 G 和判别器进行二元零和博弈的过程中,优化问题可描述为一个极大极小博弈问题,此时,生成器的目标函数 $J(G) = -J(D)$。生成对抗网络的目标函数如式(4.2)所示:

$$\min_G \max_D V(D,G) = E_{x \sim P_{\text{data}}(x)}[\log D(x)] + E_{z \sim P_z(z)}[\log(1-D(G(z)))] \quad (4.2)$$

采用极大极小博弈策略时,由于训练初期缺乏足够训练,生成器 G 所生成的数据模拟程度较低,因此,D 很容易就能将生成数据与真实数据区分开来,这可能导致生成器 G 在进行梯度下降优化时得不到足够梯度。因此,通常采用最大化 $\log D(G(z))$ 而不是最小化 $\log(1-D(G(z)))$ 来训练生成器 G。

此外,还可以采用非饱和博弈策略来解决生成器的梯度优化问题,此时可得:

$$\begin{aligned} J(D) &= -\frac{1}{2}E_{x \sim P_{\text{data}}(x)}[\log D(x)] - \frac{1}{2}E_{z \sim P_z(z)}[\log(1-D(G(z)))] \\ J(G) &= -\frac{1}{2}E_{z \sim P_z(z)}[\log D(G(z))] \end{aligned} \quad (4.3)$$

此时,G 用自己的伪装能力来表示自己的目标函数,而不是简单地取 $J(D)$ 的相反数，因此均衡不再完全由价值函数 min max $V(G,D)$ 决定。这样，即使 D 在初期将生成样本判定为假，生成器 G 仍可以通过有效的梯度下降进行优化。

图 4.2 是生成对抗网络博弈过程示意图。

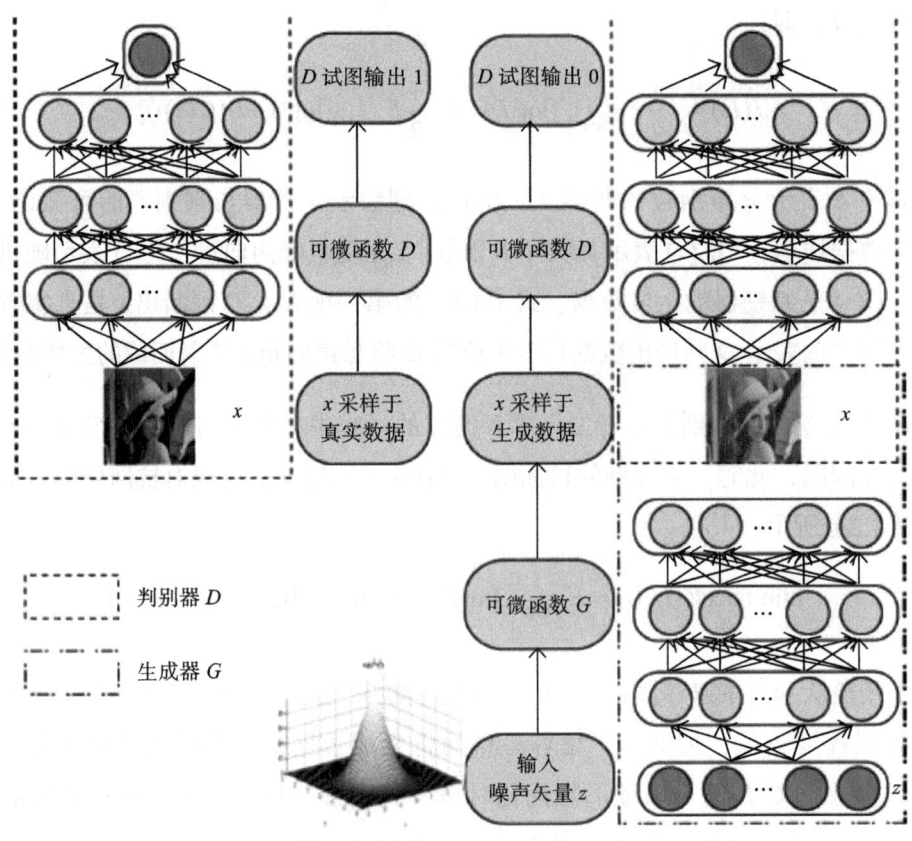

图 4.2 GAN 博弈过程示意图

3. 生成对抗网络的训练

训练过程主要通过同步梯度下降算法完成。在每一步中，会采样两个样本：一个是来自训练样本的 x，另一个是来自先验分布的 z。这两个梯度下降过程同时进行：一个更新判别器来减小 $J(D)$，另一个更新生成器来减小 $J(G)$。通过这两组数据可以训练出两个函数的参数。对于 x，只需要训练判别器的参数；对于 z，两个函数的参数都需要训练。对于两个函数参数的训练,可以自由选择梯度下降算法。

训练生成对抗网络的步骤如下:

①在噪声数据 z 分布中随机采样,输入生成模型,得到一组假数据,记为 $G(z)$。
②在真实数据分布中随机采样,作为真实数据,记为 x。
③将 $G(z)$ 或 x 作为判别网络的输入(判别模型的输入为两类数据,真实数据或假数据),判别网络的输出值为该输入是真实数据的概率,真实数据为 1,假数据为 0。
④根据得到的概率值计算损失函数。
⑤根据判别模型和生成模型的损失函数值,利用反向传播算法,更新模型的参数。
⑥重复上述步骤,直至得到理想模型。

生成模型与对抗模型是完全独立的两个模型,训练时采用的原则是单独交替迭代训练这两个模型。

训练生成网络时,首先要将随机噪声输入现阶段的生成网络来生成假样本集。先将假样本集的标签设置为 1,再将假样本集输入判别网络。后面生成网络需要串接一个判别网络,判别网络本身的参数不会更新,只是让判别网络将误差传到生成网络,更新生成网络的参数。当假样本不真实、标签却为 1 时,判别器给出的误差会很大,这就迫使生成器进行很大的调整;反之,当假样本足够真实、标签为 1 时,判别器给出的误差就会减小,这就完成了假样本向真样本逐渐逼近的过程。图 4.3 是生成网络示意图。

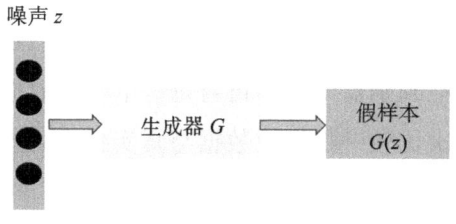

图 4.3　生成网络示意图

在生成网络训练结束后,可以用新的生成网络生成新的假样本集,用新的假样本集再次进行判别网络的训练。

进行判别网络的训练时,首先将随机噪声输入现阶段的生成网络生成假样本集(现阶段的生成网络可能不是最终的生成模型),然后为生成数据标注标签。一般默认真实数据标签为1,生成数据标签为0。现在就有了真实样本集以及它们的标签1、生成的假样本集以及它们的标签0。训练判别网络实质上是有监督的二分类问题,直接将数据输入神经网络进行训练即可。图4.4是判别网络示意图。

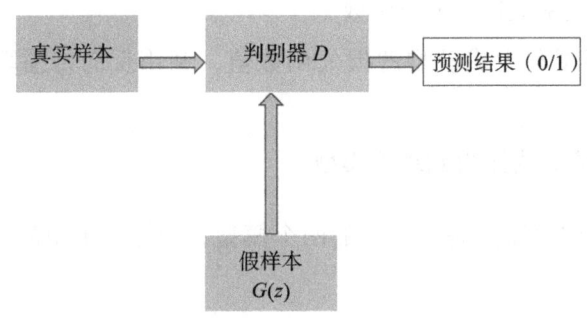

图 4.4　判别网络示意图

4. 训练技巧

对抗生成网络的作用是在高维非凸的参数空间中找到一个纳什均衡,但是生成对抗网络用梯度下降方法寻找损失函数的最小值,通常不能找到真正的纳什均衡。可以通过以下技巧稳定训练、提高网络的收敛效果。

- ❑ **特征匹配**:让生成器产生的样本与真实样本在判别器中间层的响应一致,即使判别器从真实数据和生成数据中提取的特征一致,而不是在判别器网络的最后一层才进行判断,从而有助于提高模型的稳定性。
- ❑ **最小批量判断**:在判别器中,不再对每一个生成数据与真实数据的差异性进行比较,而是一次比较一批生成数据与真实数据的差异性。这种做法提高了模型的鲁棒性。
- ❑ **历史平均**:在生成器和判别器的目标函数中各加一个约束项,使网络训练过程中，梯度不容易进入稳定的轨道，继续向均衡点更新。
- **单边标签平滑**：标签平滑将常规的 0、1 取值的二值标签替换为如 0.1、0.9 之类的平滑标签，增加网络的抗干扰能力。
- **虚拟批量正则**：批量正则能够提高网络的收敛，但是会导致层的输出和本批次内的其他输入相关，通过引入一个参考集合，每次将当前数据 x 加入参考集合构建一个新的虚拟的批量数据，然后在此基础上进行归一化，从而缓解原始批量正则操作引起的波动问题。

4.1.3 几种改进的生成对抗网络模型

1. 深度卷积生成对抗网络

深度卷积生成对抗网络（Deep Convolution Generative Adversarial Network，DCGAN）是将卷积神经网络（CNN）与生成对抗网络（GAN）相结合的一种非监督学习算法。通过训练，DCGAN 可以从大量无标签数据中学习事物的特征表达，并将其应用到新的数据处理过程中，从而具备学习"新知识"的能力。

普通的生成对抗网络存在一个非常大的问题，就是训练的结果非常不稳定。在一些情况下，训练出来的模型生成的结果很有可能与理想状态值差异较大。而 DCGAN 通过优化网络拓扑结构，改善了生成对抗训练的过程，极大地提升了训练结果的稳定性以及生成质量，并具有丰富的层次表达能力和良好的泛化能力。

DCGAN 的生成器网络结构如图 4.5 所示，判别器的网络结构与之类似。相比于卷积神经网络结构，DCGAN 网络结构的区别主要有以下四点：

- DCGAN 使用带步长的卷积层（Strided Convolution）代替池化层。这种结构可以让系统自己学习采样方法。对于生成器网络，通常采用分数步长的卷积，而对于判别器网络，则一般采用整数步长的卷积。
- 取消了全连接层。全连接层虽然能够增加模型稳定性，但额外增加的层数减弱了梯度变化值，使得收敛速度降低。
- 除生成器网络的输出层和判别器网络的输入层之外，其他层都进行批量归一化(Batch Normalization)。通过批量归一化处理,使得每个节点的输入数据都符合均值为 0、方差为 1 的分布规律。这样,即使初始化时的随机赋值较差,也可以保证网络中的数据在传输时能够有较大的梯度值。

❏ DCGAN 的生成器网络和判别器网络的激活函数不同。生成器输出层的激活函数采用 Tanh,其他层的激活函数采用 ReLU。判别器的激活函数采用 LeakyReLU。

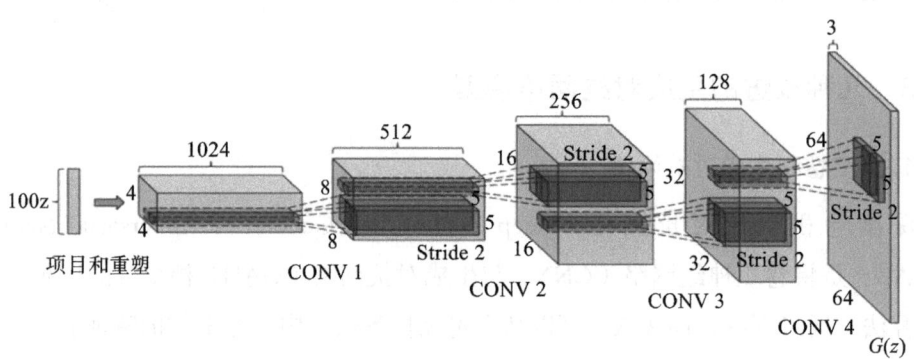

图 4.5 DCGAN 的生成器网络结构

DCGAN 算法具有较强的实用性。如图 4.6 所示,利用 DCGAN 算法可以自主地将女士微笑的特征抽取出来,叠加到一个表情平静的男士面部,从而生成一个微笑的男士图像。可见,DCGAN 具有学习创新知识的能力。

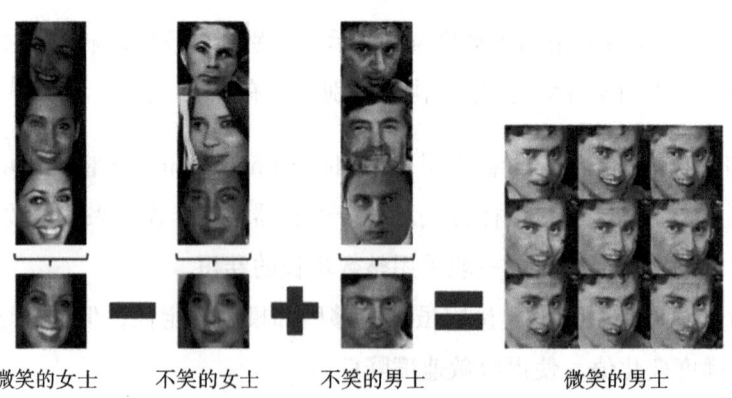

图 4.6 DCGAN 生成人脸

2. 基于能量的生成对抗网络

基于能量的生成对抗网络（Energy-based Generative Adversarial Network，EBGAN）从能量模型的角度对生成对抗网络进行了扩展，给出了解读生成对抗网络的另外一种角度。EBGAN 将判别器看作一个能量函数，该能量函数在真实数据域附近的区域能量值比较小，在其他非真实数据域区域都拥有较高的能量值。因此，EBGAN 给予生成对抗网络一种能量模型的解释，即生成器以产生能量最小的样本为目的，判别器则以对这些产生的样本赋予较高的能量为目的。从能量模型的角度来看待判别器的价值在于，可以用更多、更宽泛的结构和损失函数来训练生成对抗网络结构。EBGAN 的改变是在判别器上，它把判别器看作一个能量函数，对真数据赋予低能量，对假数据赋予高能量。图 4.7 给出了 EBGAN 的结构。用自编码器（Auto-Encoder）作为判别器实现生成对抗网络框架，判别器采用了 encoder-decoder 的结构，输出 E 为 Encoder 和 Decoder 的 MSE（均方差）。

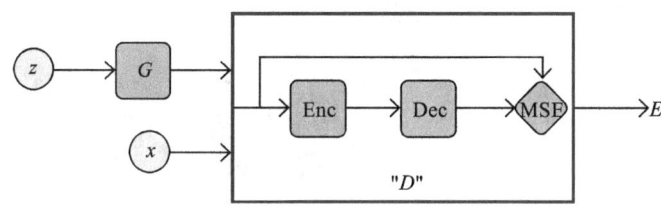

图 4.7　EBGAN 网络

LeCun 等总结了 EBGAN 的四个贡献：一是为生成对抗网络提供了一个能量的解释，因此可以对生成对抗网络使用一系列能量方面的工具；二是通过网格穷举搜索实验，验证了生成对抗网络和 EBGAN 的超参数及架构的完备集；三是提出了一个"pull-away term"机制来防止生成器生成一样的图片，即模式崩塌问题；四是实验证明 EBGAN 可以生成高分辨率的图像（256×256），如图 4.8 所示。

3. WGAN

DCGAN 虽然采用多层卷积神经网络在工程上解决了 GAN 训练的稳定性问题，但是如果没有合适的拟合函数，在训练过程中进行拟合时依然容易产生严重的震荡。WGAN（Wasserstein GAN）网络从理论上分析了生成对抗网络训练不稳定的原因，即交叉熵（JS 散度）不适合衡量具有不相交部分的数据分布之间的距离。WGAN 通过定义一个 Wasserstein 距离去衡量生成数据分布和真实数据分布之间的距离，彻底解决了生成对抗网络训练不稳定的问题。这样就不再需要小心地平衡生成器和判别器的训练过程，避免了模型崩塌问题，也确保了生成样本的多样性。Wasserstein 距离也称为转移度量或者 EM 距离，它表示从一个分布转移成另一个分布所需的最小代价。与原始生成对抗网络的算法相比，WGAN 改进算法主要做了四点优化：一是判别器最后一层去掉 sigmoid；二是生成器和判别器的损失不取对数 log；三是每次在更新判别器的参数之后把它们的绝对值截断为不超过一个固定常数 c；四是不再采用基于动量的优化算法，而是采用 RMSProp 和 SGD。因此，WGAN 的损失函数越小，对应生成的图片质量就越高。

图 4.8　EBGAN 网络生成的高分辨率图像

WGAN 还给生成对抗网络的训练提供了一个指标。此指标数值越小，表示生成对抗网络训练得越差，反之越好。而之前训练生成对抗网络的方法存在巨大的随机性，训练出好的结果需要一定的运气。图 4.9 是 WGAN 生成的图像。

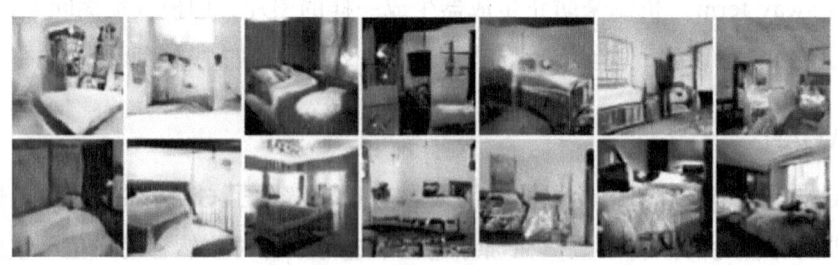

图 4.9　WGAN 生成的图像

4.1.4 生成对抗网络的应用

1. 数据生成

数据生成是生成对抗网络的一个基本应用,即利用已经有的真实数据,生成同样分布的"伪"数据。这种方法可以用来扩充小数据集,提高模型训练效果。图 4.10 所示的是使用 GAN 生成图像。

图 4.10 图像生成

2. 图像修复

从数字图像处理的角度来看,图像修复是指基于图像背景信息恢复其损失的部分并进行图像重建的过程。图像修复问题是图像领域的一个难点。在传统计算机图像领域,图像修复一般使用基于扩散或者基于示例的方法,其原理是将局部结构传播到位置部分,或者在每次构建缺失部分的一个像素点时尽量保持和周围像素点的一致性。当图像缺失的区域较大时,这些方法的效果比较差。填充大面积缺失部分通常需要合理的想象力,而这些信息只能由自然图像的高阶模型,也就是深度神经网络来提供。经过训练的深度生成对抗网络模型在进行图片修补时能根据缺失区域的周边区域进行图像语义层面的推断和修补,从而较好地对图像信息进行重建。

3. 图像增强

图像增强和超分辨率都可以用生成对抗网络来完成。对于同一类别的图片（比如人脸图片），从 16×16 的低分辨率增强到 64×64 的高分辨率就可以利用生成对抗网络来实现。其原理是把 16×16 的低分辨率图片作为约束条件，解释生成最合理的真实图片。图 4.11 是人脸图片超分辨的效果图，第一列是 16×16 像素输入，第二列为 32×32 的超分辨率中间过程，第三列是 64×64 的超分辨率最终结果，第四列是真实的原图。超分辨率效果仅在小类别、规则分割的图片中适用。如果输入图片不是规整分割后的人脸图片，那么处理效果将会降低。

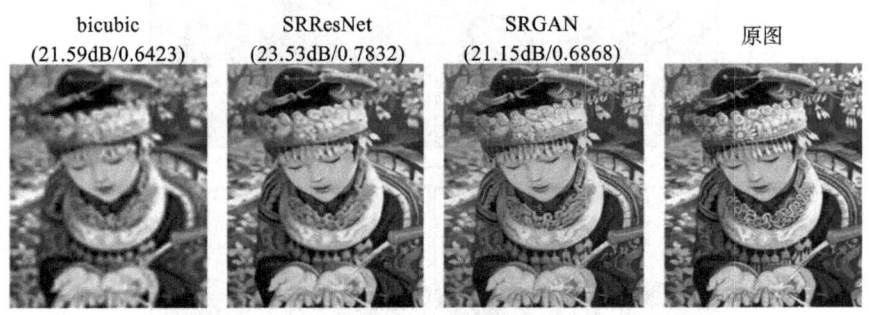

图 4.11　图像增强效果

4. 通过草图生成图像

草图复原指的是输入绘制的草图，生成现实的彩色图片，例如人像复原。一般的卷积神经网络结构可以完成草图复原，生成对抗网络也可以完成此任务。例如，卫星图像和真实图像的转换、街景图转换、草稿建筑物立面图和真实图转换、手提包轮廓图生成真实图片等。图 4.12 给出了用 GAN 通过草图生成图像的示例。

5. 文字生成图像

图像生成文字是分析图片内容并以文字形式表达出来，而文字生成图片是一个反向的、更加具有挑战性的工作。该任务包含两个部分：一是利用自然语言处理来理解输入中的描述，二是生成网络输出一个准确、自然的图像对文字进行表达。该模型实现的任务相当于以文本描述为条件来产生图像，可作为原始的条件生成对抗网络模型的一种扩展和应用。该模型的实现方法是通过文本进行编码后的特征与随机噪声信息串接输入产生器产生图像,而编码后的文本特征也作为监督信号输入判别器以构建目标函数。图 4.13 给出了文字生成图像的示例。

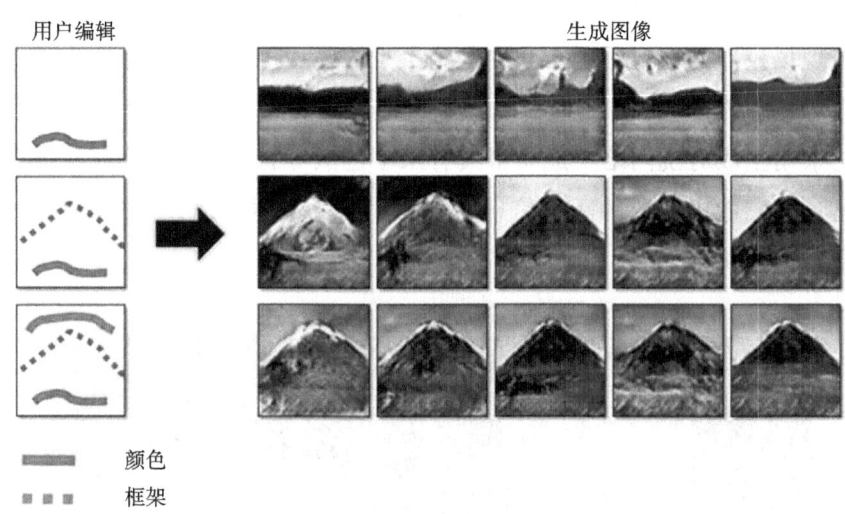

图 4.12　通过草图生成图像

图 4.13　文字生成图像

6. 水下图像实时色彩校正

由于水的吸收和散射，导致不同波长的光以不同速率衰减。因为红色衰减得最严重，会使水下图像呈现出蓝色或绿色，所以通常需要对水下拍摄的图像进行色彩校正。但水下图像实时色彩校正模型取决于水固有的参数以及场景的结构，在不简化假设或现场校准的情况下很难获取这些参数的确切值。因此，水下图像的色彩校正是一个难题。WaterGAN 结构实现了水下图像的实时色彩校正，其主要创新有两点：一是采用生成对抗网络生成海量具有水下色散等特征的"类"水下彩色虚拟图像；二是预测图像中对象的距离信息并给图片上色。图 4.14 所示的是用 GAN 进行水下图像实时色彩校正。

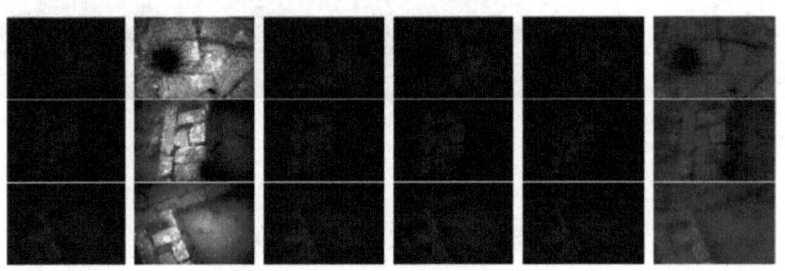

图 4.14 水下图像色彩校正

4.2 强化学习

4.2.1 强化学习概述

1. 基本概念

强化学习（Reinforcement Learning）的工作过程类似于人类学习知识的过程，它是一种在交互中进行学习的算法。其基本思想是模拟生物在学习过程中的"尝试与失败"机制，即智能体在与环境的交互中根据获得的奖励或惩罚不断地学习知识，从而更加适应环境。强化学习分为基于模式的强化学习和无模式强化学习，以及主动强化学习和被动强化学习。强化学习的变体包括逆向强化学习、阶层强化学习和部分可观测系统的强化学习。

强化学习理论受到行为主义心理学启发，侧重在线学习并试图在探索新知识和利用旧知识之间保持平衡。强化学习不要求预先给定任何数据，而是通过接收环境对动作的奖励反馈获得学习信息并更新模型参数。

随着深度学习的崛起，强化学习在与神经网络技术相结合的过程中取得了许多新的突破，一些复杂的强化学习算法在一定程度上具备解决复杂问题的通用智能。强化学习在机器人控制、计算机视觉、医疗健康、交通调度、金融数据分析、工程设计、商业管理、智能游戏、自动驾驶，以及自然语言处理等领域得到了广泛应用。

2. 发展历程

1954年，Minsky首次提出"强化"和"强化学习"的概念；1965年，Waltz和傅京孙描述了通过奖惩的手段进行学习的基本思想，明确了"试错"是强化学习的核心机制；1957年，Bellman提出了求解最优控制问题以及相应的随机马尔可夫决策过程的动态规划方法，实现了类似试错与迭代求解的机制。随后，Howard提出了求解马尔可夫决策过程的策略迭代方法。1989年，Watkins提出了Q-Learning算法，完善了强化学习理论并进一步拓展了强化学习的应用。Q-Learning算法能够在缺乏立即回报函数和状态转换函数的情况下求出最优动作策略。此外，Watkins还证明了当系统是确定性的马尔可夫决策过程，并且回报有限的情况下，强化学习是收敛的，即一定可以求出最优解。因此，Q-Learning算法已经成为当前广泛使用的强化学习方法的基础。

2013年，DeepMind公司将深度学习中的卷积神经网络模型和强化学习中的Q-Learning算法相结合，提出了Deep Q-Network（DQN）算法。通过训练，其模型在Atari 2600游戏上的表现已经赶上甚至超过了专业人类玩家的水平。2015年10月，由DeepMind公司开发的AlphaGo程序将卷积神经网络、策略梯度和蒙特卡罗搜索结合起来，以估值网络来评估大量的选点，同时以走棋网络来选择落子，并且使用强化学习进行自我博弈，最终获得了战胜世界一流的人类围棋选手的成绩。这也证明了深度强化学习发展的潜力。强化学习的理论在近年取得了显著进步，应用领域也实现了爆发式增长。

3. 强化学习机制

强化学习就是智能体与环境之间的交互过程，主要包含四个要素，即状态、动作、转移概率以及奖惩价值函数。如图 4.15 所示，智能体在执行某个任务时，其动作会对环境产生影响，使得环境按某种概率从当前状态转移到另一个状态。同时，环境会根据潜在的奖惩价值函数反馈给出奖励或惩罚。如此循环下去，智能体和环境之间不断进行交互，产生更多新的数据。强化学习算法就是通过一系列动作策略与环境交互，产生新的数据，再利用新的数据去修改自身的动作策略，经过数次迭代后，智能体就会学习到完成任务所需要的动作策略。强化学习的目标是让智能体学习到一个好的策略，使总体期望奖励最大。

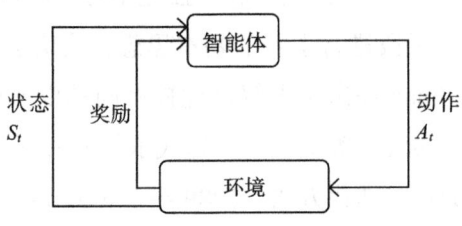

图 4.15　强化学习机制

强化学习、监督学习和无监督学习是机器学习理论的三种主要方式。监督学习的数据需要有一个标记（Label）。根据这个标记，每一个输入都对应一个确定性的输出。监督学习主要用于分类（Classification）和回归（Regression），分别对应输出为离散和连续这两种情况。无监督学习的数据没有标记，主要依靠数据内在特征的相关性，通过计算数据的若干统计特征来对数据进行一些无偏差的处理。无监督学习主要用于聚类（Clustering）和密度估计（Density Estimation）等。强化学习也不需要任何标记的数据。但与前两者不同的是，强化学习先尝试做出一些行为，得到一个结果，再通过该结果调整之前的行为，这样不断地进行调整，算法就能够学习到在什么情况下选择什么样的行为可以得到最好的结果。

4.2.2　强化学习的决策过程

强化学习的过程通常假设为满足马尔可夫性，因此强化学习的决策过程可以使用马尔可夫决策过程（Markov Decision Process，MDP）来建模，用于在系统状态具有马尔可夫性质的环境中模拟智能体可实现的随机性策略与回报。

在马尔可夫决策过程中，决策者周期地或连续地观察具有马尔可夫性的随机动态系统，并根据每个时刻观察到的状态，从可用的行动集合中选择一个行动做出决策。系统的下一个状态是随机的，且其状态转移概率具有马尔可夫性，即下一状态只与当前状态和行动有关，与当前状态之前的状态序列和动作序列无关。

强化学习的模型和变体都依赖于马尔可夫决策过程。马尔可夫决策过程通常用五元组表示：

$$M = <S, P, R, A, \gamma>$$

其中，S 是一个有限的状态集合，P 是状态之间的转移概率矩阵，$P_{ss'}$ 表示从状态 s 转移到状态 s' 的概率，R 是在某个状态下执行某个动作所得到的期望奖励（因为执行了某个动作，可能会转移到多个状态），A 是动作的集合，γ 是一个折扣因子，取值范围为 [0,1]。

$$P_{ss'}^a = P[S_{t+1} = s' | S_t = s, A_t = a] \tag{4.4}$$

$$R_s^a = E[R_{t+1} | S_t = s, A_t = a] \tag{4.5}$$

折扣系数有三种情况：

- $T=1$，为贪婪模型，当前状态的奖励只与下一状态有关，不会考虑后面的动作带来的影响。虽然简单，但很多情况下它就是最优解，此时 $\gamma=0$。
- $T \in (1, +\infty)$，最符合实际情况，即为有限个步数，每个状态的收益折扣都一样。
- $T = +\infty$，即无限模型，此时 γ 取值很重要，因为需要保证无限计算的结果是收敛的。

根据折扣系数可以计算长期回报，无限期的折扣回报可以用式（4.6）来计算。

$$R_t = \sum_{k=0}^{\infty} \gamma^k r_{t+k+1} \tag{4.6}$$

智能体从状态 S_t 出发将每一步的及时回报 r 根据折扣系数加权求和，即可得累计期望回报：

$$R_t(S_t) = r_t + \gamma r_{t+1} + \cdots + \gamma^k r_{t+k} = \sum_{k=0}^{\infty} \gamma^k r_{t+k+1} \tag{4.7}$$

在强化学习中，策略 h 下的状态值函数为各状态回报值的期望值，一般用 $V^h(s)$ 表示，其具体定义如式（4.8）所示：

$$V^h(s) = E_h\{R^h(S_t)|S_t = s\} = E_h\left\{\sum_{k=0}^{\infty} \gamma^k r_{t+k} \mid S_t = s\right\} \tag{4.8}$$

从上面的公式中可以看到，γ^t 说明随着时间 t 的增加，离当前状态越远的状态对累计期望回报的影响就越小。

状态值函数 $V^h(s)$ 满足一定的递归性，式（4.8）中的任何状态 s 及策略 h 都可以用 Bellman 方程来递归定义，因此考虑 Bellman 方程的状态值函数为：

$$V^h(s) = r(s, h(s)) + \gamma \sum_{s \in S} P(s'|s, h(s)) V^h(s') \tag{4.9}$$

其中 h 为智能体采取的策略，可以视为从状态空间到动作空间的映射，$a=h(s)$ 表示在状态 s 下，执行策略 h 所得到的动作为 a。

马尔可夫决策过程最终的目的是找到一个最优策略，实现最大化累积回报，即能够获得最多的奖励，此时的策略称为最优策略。最优策略用 h^* 表示，一个强化学习任务可能有多个最优策略。

基于最优策略 h^* 的状态值函数为最优状态值函数，记为：

$$V^*(s) = V^{h^*}(s) = \max_{a \in A} \sum_{s' \in S} P(s'|s, a)(r(s, a) + \gamma V^{h^*}(s')) \tag{4.10}$$

类似地，策略 h 下状态－动作值函数用 $Q^h(s,a)$ 表示，其含义是指智能体在初始状态 s 下采取动作 a，然后通过策略 h 选取之后的动作所获得的累计回报值，根据定义可知：

$$Q^h(s,a) = E_h\left\{\sum_{k=0}^{\infty}\gamma^k r_{t+k+1} \mid S_t = s, A_t = a\right\} \quad (4.11)$$

同理，基于最优策略 h^* 的状态 – 动作值函数为最优状态 – 动作值函数，记为：

$$Q^*(s,a) = Q^{h^*}(s,a) = \sum_{s' \in S} P(s'|s,a)(r(s,a) + \gamma \max_{a' \in A} Q^{h^*}(s',a')) \quad (4.12)$$

4.2.3　Q-Learning 算法

Q-Learning 是强化学习算法中值迭代的算法，其基本思想是基于反馈和学习器的 Q 评估函数增量来估计 Q 值。Q 值即 $Q(s,a)$，就是在某一时刻的 s ($s \in S$) 状态下，采取动作 a ($a \in A$) 能够获得收益的期望。环境会根据智能体的动作反馈相应的回报，所以算法的主要思想就是将状态与行动构建成一张 Q-Table 来存储 Q 值，然后根据 Q 值选取能够获得最大收益的动作。

Q-Learning 算法的关键就是学习出一个最优的 Q-Table。在训练过程中，使用 Bellman 方程更新 Q-Table。

Q-Table 如图 4.16 所示。表格中的每一行代表每个状态，每一列代表每个动作，表格的数值就是在各个状态下采取各个动作时能够获得的最大未来期望奖励。

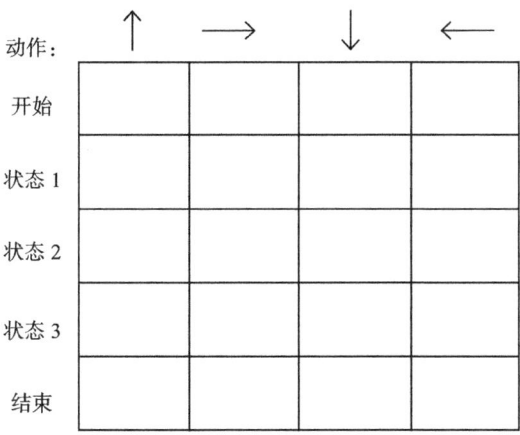

图 4.16　Q-Table

通过 Q-Table 可以找到每个状态下的最优行为，进而通过找到所有最优的动作得到最大的期望奖励。

Q-Table 的数值的计算步骤如下。首先初始化 Q-Table，每一个初始值都为 0。然后，根据当前的 Q-Table 和状态选择一个动作并执行，执行过程一直到本轮训练停止才算完成。因为初始的 Q 值是 0，开始时一般先设置一个较大的迭代次数，让智能体多次探索环境并随机选择动作。随着智能体对环境的了解，降低每一轮训练的迭代次数，这样智能体开始根据环境提供的奖赏值调整选取的动作。在当前状态下选择某个动作后，就可以用 Bellman 方程计算 Q 值，采取行动得到奖励后就可以用 Q 函数更新 $Q(s,a)$。重复这个过程一直到训练停止，就可以得到最优的 Q-Table。

4.2.4 深度强化学习

1. 深度强化学习概述

深度强化学习是人工智能领域一个新的研究热点，它将深度学习的感知能力与强化学习的决策能力结合起来。深度强化学习利用深度学习算法从环境中获取目标的相关数据信息，并通过端对端的学习方式实现从原始输入到输出的直接控制。自提出以来，深度强化学习在许多需要处理高维度原始输入数据和决策控制的任务中取得了实质性的突破。图 4.17 展示了深度学习与强化学习相结合的机制。

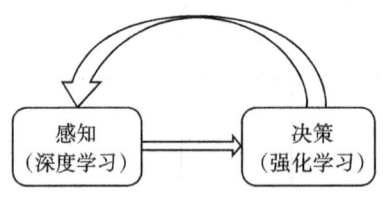

- 从环境中获取目标观测信息
- 提供当前环境下的状态信息
- 将当前状态映射到相应动作
- 基于预期回报评判动作价值

图 4.17 深度学习与强化学习的有机结合

以强化学习中的 Q-Learning 算法为例。在 Q-Learning 算法中用表格的形式（Q-Table）存储状态空间和动作空间的 Q 值，所以又被称为表格型强化学习。Q-Learning 算法无法处理连续状态空间或者高维状态空间的问题，因为这类问题需要的存储空间很大，并且在有限的学习过程中无法获得足够的样本来遍历每个状态，从而导致算法失败。

为了处理连续状态空间或者高维状态空间的问题，通常采用的方法是将新状态与已有状态进行对比，如果类型相似，则采用近似的处理方法。从数学角度来看，就是不再采用离散的 Q 值来表达状态空间，而是采用一个函数来表示值函数，这样输入任意的状态都能输出结果。此时 Q-Table 的更新问题就转变为函数拟合问题，相近的状态也就可以得到相近的动作，这就是值函数近似。通过更新参数来使值函数逼近最优的 Q 值，也就是将求解值函数问题转化为函数优化问题，从而可以使用监督学习。通常在学习过程中，首先确定一个损失函数并计算该损失函数的梯度，然后利用梯度下降算法更新值函数的相关参数。使用深度神经网络作为值函数近似来解决强化学习问题的方法，就实现了深度学习与强化学习的结合，也就实现了深度强化学习过程。深度强化学习的原理如图 4.18 所示。

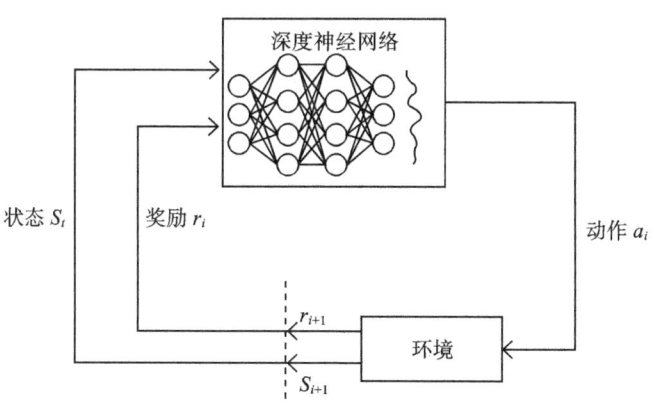

图 4.18　深度强化学习的原理框图

2. Deep Q-Network 算法

Deep Q-Network 算法通常简称为 DQN，它是谷歌公司的 Deep Mind 团队提出的，通过将 Q-Learning 与神经网络结合起来，实现了深度强化学习。

DQN 关键技术有两个。

（1）采用了深度卷积网络而不是多项式来拟合值函数

在进行学习时，将状态空间和动作空间作为深度卷积神经网络的输入值，然后经过深度卷积神经网络分析后得到动作的 Q 值。这样就解决了连续状态空间或者高维状态空间需要存储大量 Q 值的问题，也提高了数据处理的速度。

（2）利用经验回放训练强化学习的学习过程

在 Q-Learning 算法中，采用的是基于当前策略进行交互和学习，因此在每一次学习过程中，系统都通过交互生成新的数据进行学习，并不存储这些学习过的样本数据。这个策略基于的假设是训练样本是独立的且分布规律相同。但实际上在交互过程中得到的数据序列前后关联度较大，而且参数不断更新的网络系统对输出结果的影响还会导致采集的轨迹数据呈现不同的数据分布规律，因而学习得到的值函数模型可能存在很大的波动。

为解决这个问题，Deep Q-Network 算法引入了经验回放机制。经验回放是指将智能体和环境交互产生的轨迹数据存储到经验池中，并随机采样状态、动作、奖惩等数据对系统进行训练。为了实现这一过程，DQN 设计了一个回放缓冲模块，其中包含收集样本和采样样本两个过程。收集的学习样本按照时间的先后顺序存储到回放缓冲模块中。如果存储空间已经存满了样本，那么新的样本会覆盖最早的样本数据。当需要进行学习训练时，回放缓冲模块会从缓存中均匀地随机采样一批样本数据，并传输到深度神经网络中进行学习。DQN 设置了单独的目标网络来处理时序差分中的偏差。这样，每次训练的样本来自多次交互序列，避免了单一序列样本造成的波动较大的问题，训练效果也就更加稳定。同时，一份样本可以被多次训练，提高了样本的利用率。

3. 其他深度强化学习模型

（1）基于策略梯度的深度强化学习

基于策略梯度的深度强化学习能够直接优化策略的期望总奖赏，并以端对端的方式直接在策略空间中搜索最优策略,省去了烦琐的中间环节。因此在求解强化学习问题时,一般会采取基于策略梯度的算法。与 DQN 及其改进模型相比,基于策略梯度的深度强化学习方法适用范围更广,策略优化的效果也更好。策略梯度方法是一种直接使用逼近器来近似表示和优化策略,并最终得到最优策略的方法。该方法优化的目标是策略的期望总奖赏。

深度策略梯度方法的另一个研究方向是通过增加额外的人工监督来促进策略搜索。例如,著名的 AlphaGo 围棋机器人先使用监督学习从人类专家的棋局中预测人类棋手的走子行为,再使用策略梯度方法针对赢得围棋比赛的真实目标进行精细的策略参数调整。然而,在某些任务中是缺乏监督数据的,比如现实场景下的机器人控制,这时可以通过引导式策略搜索方法来监督策略搜索的过程。在只接受原始输入信号的真实场景中,引导式策略搜索实现了对机器人的操控。

1)Actor-Critic 方法:在许多复杂的现实场景中,很难在线获得大量训练数据。例如,在真实场景下机器人的操控任务中,在线收集并利用大量训练数据的成本非常高,并且动作连续的特性使得在线抽取批量轨迹的方式无法达到令人满意的覆盖面。这些问题会导致陷入局部最优解的问题。针对此问题,可以将传统强化学习中的评价框架拓展到深度策略梯度方法中。

2)异步 Actor-Critic 算法:Mnih 等人根据异步强化学习的思想,提出了一种轻量级的深度强化学习框架。该框架可以使用异步的梯度下降法来优化网络控制器的参数,并可以结合多种强化学习算法一起使用。这种算法在各类连续动作空间的控制任务上表现出了较好的性能。

(2)基于搜索与监督的深度强化学习

基于搜索与监督的深度强化学习通过增加额外的人工监督来促进策略搜索的过程。蒙特卡罗树搜索作为一种经典的启发式策略搜索方法,被广泛应用于游戏博弈问题中的行动规划。因此,在基于搜索与监督的深度强化学习方法中,策略搜索一般是通过 MCTS 来完成的。AlphaGo 围棋算法将深度神经网络和 MCTS 相结合,取得了很好的结果。AlphaGo 的主要思想有两点:一是使用 MCTS 来近似估计每个状态的值函数；二是使用基于值函数的 CNN 来评估棋盘的当前布局和走子。

AlphaGo 完整的学习系统主要由 4 个部分组成。第一部分是策略网络，策略网络又分为监督学习的策略网络和强化学习的策略网络。策略网络的作用是根据当前的局面来预测和采样下一步走棋。第二部分是滚轮策略，其目标也是预测下一步走子，但是预测的速度是策略网络的 1000 倍。第三部分是估值网络，它能根据当前的局面估计双方获胜的概率。第四部分的 MCTS 将策略网络、滚轮策略和估值网络融合进策略搜索的过程中，形成一个完整的系统。

4. 深度强化学习的应用

在深度强化学习发展的最初阶段，DQN 算法主要应用于 Atari 2600 平台中的各类 2D 视频游戏中。随后，研究人员分别从算法和模型两方面对 DQN 进行了改进，使智能体在 Atari 2600 游戏中的平均得分提高了 300%。在此基础上，通过在模型中加入记忆和推理模块，成功地将深度强化学习应用场景拓宽到 3D 场景下的复杂任务中。此后的 AlphaGo 围棋算法结合深度神经网络和 MCTS，成功地击败了人类围棋世界冠军，展示了深度强化学习算法惊人的决策性能。此外，深度强化学习在机器人控制、计算机视觉、自然语言处理和医疗等领域的应用也有了较大的发展。

- 深度强化学习在机器人控制领域的应用：在 2D 和 3D 模拟环境中，基于策略梯度的深度强化学习方法（TRPO、GAE、SVG、A3C 等）实现了对机器人的行为控制。另外，在现实场景下的机器人控制任务中，深度强化学习也取得了很多研究成果。
- 深度强化学习在计算机视觉领域的应用：基于视觉感知的深度强化学习模型可以在只输入原始图像的情况下，输出当前状态下所有可能动作的预测回报。因此，可以将深度强化学习模型应用到基于动作条件的视频预测任务中。
- 深度强化学习在自然语言处理领域的应用：利用深度强化学习中的策略梯度方法训练对话模型，使模型生成更具连贯性、交互性和持续响应的一系列对话。
- 深度强化学习在参数优化中的应用：通过深度强化学习机制，根据具体问题自动确定相应的学习率，将极大地提升模型的训练效率。例如，谷歌利用深度强化学习算法来优化数据中心服务器群的参数设置，并节省了40%的电力。

- 深度强化学习在博弈论领域的应用：深度强化学习的不断发展为求解博弈论问题开辟了一条新的道路。深度卷积网络具有自动学习高维输入数据抽象表达的功能，可以有效解决复杂任务中领域知识表示和获取的难题。目前，利用深度强化学习技术来发展博弈论已经取得了不错的研究成果。
- 深度强化学习在网络任务调度领域的应用：随着互联网规模的扩大和数据流量的增加，如何根据用户的差异化需求进行优化来实现最优的任务调度策略，已经成为云计算中的一个关键问题。深度强化学习已经应用在面向独立任务和关联任务的调度、面向数据中心网络流的调度以及面向计算和节能的联合调度等问题的解决上。云数据中心任务调度原理如图 4.19 所示。

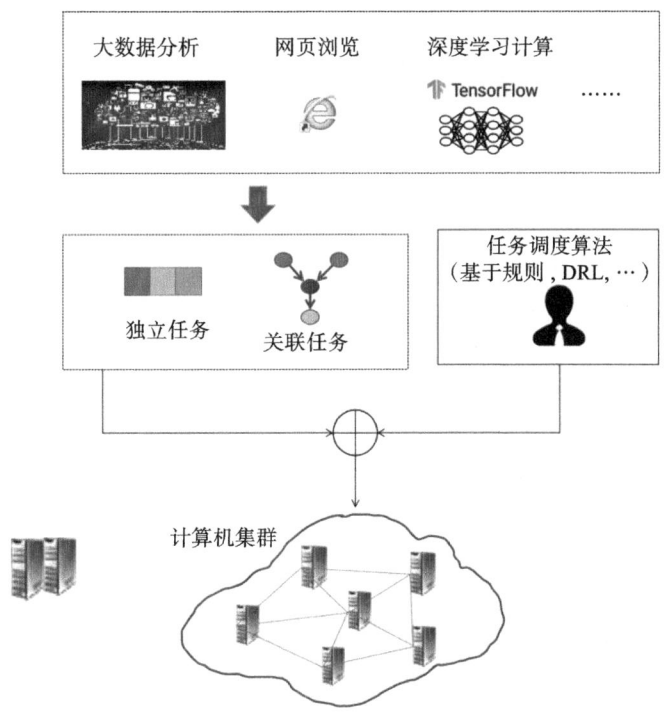

图 4.19　云数据中心任务调度原理

课后习题

一、填空题

1. 生成对抗网络主要由_____和判别器两部分组成。
2. 可以将生成对抗网络看作一个_____的过程。
3. 强化学习主要包含4个要素：状态、动作、转移概率和_____。
4. 马尔可夫奖励过程比马尔可夫过程多两个元素：_____和折扣因子。
5. 强化学习的基本思想是模拟生物在学习过程中的_____机制。
6. 深度强化学习将_____的感知能力与_____的决策能力结合起来。

二、选择题

1. 下面不属于 GAN 优点的是（　　）。
   A. 可以接受缺失训练数据
   B. 能以多种方式嵌入强化学习中
   C. 使机器学习可以处理复合式问题
   D. 网络易收敛

2. 有关 DCGAN 叙述错误的是（　　）。
   A. 将 CNN 和 GAN 相结合
   B. 网络中使用 batch norm 层
   C. 有的层使用 ReLU 激活函数
   D. 生成器与判别器网络结构完全相同

3. 下面不属于价值函数的计算方法的是（　　）。
   A. 动态规划　　　　　　　　　　B. 蒙特卡罗法
   C. 贪心算法　　　　　　　　　　D. 时序差分法

4. 有关马尔可夫决策过程叙述正确的是（　　）。
   A. 马尔可夫决策过程中所有状态都满足马尔可夫性。
   B. 相比马尔可夫奖励过程，马尔可夫决策过程多了一个元素：状态的集合
   C. 其折扣因子可取任意数值
   D. 马尔可夫决策过程通常用四元组表示

三、简答题

1. 简述 GAN 存在的问题。

2. 简述两个 GAN 的应用场景。

3. 简述 DCGAN 的主要特点。

4. 简述强化学习和监督学习的区别。

5. 简述 DQN 的训练过程。

6. 简述 Deep Q-Network 算法的关键技术。

参考文献

[1] Goodfellow I J, Pouget-Abadie J, Mirza M, et al. Generative Adversarial Networks[J]. Advances in Neural Information Processing Systems, 2014, 3:2672-2680.

[2] Radford A, Metz L, Chintala S. Unsupervised Representation Learning with Deep Convolutional Generative Adversarial Networks[J]. Computer Science, 2015.

[3] Bengio, Yoshua, Courville, et al. Representation Learning: A Review and New Perspectives[J]. IEEE Transactions on Pattern Analysis & Machine Intelligence, 2013, 35(8):1798-1828.

[4] Zhu J Y, Park T, Isola P, et al. Unpaired Image-to-Image Translation using Cycle-Consistent Adversarial Networks[J]. IEEE, 2017.

[5] Salimans T, Goodfellow I, Zaremba W, et al. Improved techniques for training gans[J]. Advances in neural information processing systems, 2016, 29: 2234-2242.

[6] Gulrajani I, Ahmed F, Arjovsky M, et al. Improved training of wasserstein gans[J]. Advances in neural information processing systems, 2017, 30: 5767-5777.

[7] Karras T, Aila T, Laine S, et al. Progressive growing of gans for improved quality, stability, and variation[J]. Eprint Arxiv, 2017.

[8] 刘全, 翟建伟, 章宗长, 钟珊, 等. 深度强化学习综述[J]. 计算机学报, 2018, 41(1): 1-27.

[9] Mnih V, Kavukcuoglu K, Silver D, et al. Human-level control through deep reinforcement learning[J]. nature, 2015, 518(7540): 529-533.

[10] Kulkarni T D, Saeedi A, Gautam S, et al. Deep successor reinforcement learning[J]. Eprint Arxiv, 2016.

[11] Mnih V, Kavukcuoglu K, Silver D, et al. Playing atari with deep reinforcement learning[J]. Eprint Arxiv, 2013.

[12] Van Hasselt H, Guez A, Silver D. Deep reinforcement learning with double q-learning[J]. Eprint

Arxiv, 2015.

[13] Hausknecht M, Stone P. Deep recurrent q-learning for partially observable mdps[J].Eprint Arxiv, 2015.

[14] Hausknecht M, Stone P. Deep recurrent q-learning for partially observable mdps[J]. Eprint Arxiv, 2015.

[15] Zhao J, Mathieu M, LeCun Y. Energy-based generative adversarial network[J]. Eprint Arxiv, 2016.

[16] Li J , Skinner K A , Eustice R M , et al. WaterGAN: Unsupervised Generative Network to Enable Real-time Color Correction of Monocular Underwater Images[J]. IEEE Robotics and Automation Letters, 2017:1-1.

[17] 郑莹, 段庆洋, 林利祥, 游新宇, 徐跃东, 王新. 深度强化学习在典型网络系统中的应用综述 [J]. 无线电通信技术, 2020, 46(6): 603-623.

[18] 王万良, 李卓蓉. 生成式对抗网络研究进展 [J]. 通信学报, 2018, 39(2): 135-148.

[19] 王坤峰, 苟超, 段艳杰, 等. 生成式对抗网络GAN的研究进展与展望 [J]. 自动化学报, 2017, 43(3): 321-332.

[20] 淦艳, 叶茂, 曾凡玉. 生成对抗网络及其应用研究综述 [J]. 小型微型计算机系统, 2020, 41(6): 15-21.

[21] 梁俊杰, 韦舰晶, 蒋正锋. 生成对抗网络GAN综述 [J]. 计算机科学与探索, 2020.

[22] 赵胜. 基于分类增强的生成对抗网络研究 [D]. 成都: 电子科技大学, 2019.

[23] 李卓蓉. 生成式对抗网络研究及其应用 [D]. 杭州: 浙江工业大学, 2018.

[24] 翟中华. 基于生成对抗网络的自监督表示学习研究及应用 [D]. 杭州: 浙江大学, 2018.

[25] 鲍建敏. 基于生成对抗网络的图像合成 [D]. 合肥: 中国科学技术大学, 2019.

[26] 陈桂兴. 强化学习中值函数逼近方法的研究 [D]. 苏州: 苏州大学, 2014.

[27] 夏宗涛. 深度强化学习中的值函数模型研究 [D]. 贵阳: 贵州大学, 2019.

[28] 张悦. 多智能体深度强化学习方法及应用研究 [D]. 西安: 西安电子科技大学, 2018.

[29] 翟建伟. 基于深度Q网络算法与模型的研究 [D]. 苏州: 苏州大学, 2017.

CHAPTER 5

第 5 章

计算机视觉

计算机视觉是指通过特定的算法使计算机和机器人达到具有与人类水平相当的"视觉"能力，已被广泛应用于工业制造、产品检测、智能视频监控分析、医疗诊断、自动驾驶和军事等领域。计算机视觉涉及图像信号处理、立体几何建模、人工智能以及机电一体化等相关技术。

本章介绍计算机视觉的基本概念和处理流程，包括图像数据的预处理、相关算法分析和特征提取以及目标匹配等。此外，本章还重点讲解图像与视频分类及目标检测相关的深度学习网络框架。

5.1 计算机视觉概述

计算机视觉是一门让计算机拥有类似于人类感知和理解图像语义信息能力的学科。人类对目标的识别、跟踪和测量等是通过人眼实现的。计算机视觉通过相关理论和技术建立使用机器从图像或者多维数据中获取信息的系统模型，使计算机能够模拟人类视觉，识别人、物体、场景，估计立体空间、距离，描述图片等信息。同时，计算机视觉能弥补人类视觉的缺点，实现精细感知，避免遗漏细节，且不会受主观影响。计算机视觉既属于工程问题，又是科学领域中一个富有挑战性的方向。

作为一门综合性的学科，计算机视觉吸引了来自各个学科的研究者，包括计算机科学、信号处理、物理学、应用数学和统计学、神经生理学和认知科学等。计算机视觉的研究主要包含两个方向：一个是语义感知，即对图像和视频等进行分类、检测、识别和分割，以及对图像或视频中的内容进行描述或者问答等；另一个方向是分析图像的几何属性，例如进行3D建模、增强现实等。

计算机视觉包含4个基本任务，分别是图像分类、目标检测、语义分割和实例分割。图像分类就是判断一张图像所属的类别，主要是对单个对象进行分类；目标检测就是确定目标的位置并将目标在图像中标记出来，其中目标的数量可以是不确定的；语义分割即确定每个像素属于哪个类别，并不需要区分属于相同类别的不同实例；实例分割则是区分属于相同类别的不同实例。

5.1.1 计算机视觉的历史

1966年，人工智能学家Minsky给学生布置了一项作业，要求学生通过编写程序让计算机识别摄像头拍摄到的内容，这被认为是计算机视觉最早的任务描述。

20世纪70年代到20世纪80年代，随着计算机技术的发展，计算机视觉技术也有了长足的进步。人们借鉴人类视觉的处理过程，开始尝试让计算机识别图像中的内容。从生物原理来看，人类之所以能看到并理解事物，是因为人类可以通过眼睛立体地观察事物。因此要想让计算机理解它看到的图像，必须先将事物的三维结构从二维的图像中恢复出来。这就是所谓的"三维重构"方法。其次，要想识别出一个物体，首先需要知晓关于这个物体的先验知识。通过提前告诉计算机各类物体的信息，让计算机将看到的图像与储备知识进行匹配，这就是所谓的"先验知识库"的方法。这一阶段的应用主要是一些光学字符识别、工件识别、航空图片的识别等。

20世纪90年代，CPU、DSP等图像处理硬件技术的性能有了较大提高，能够处理一些真实场景的图像信息，因此计算机视觉技术开始广泛应用于工业领域。从理论研究上，人们也开始尝试使用统计方法和局部特征描述符等更精确的处理手段。

到了 21 世纪，互联网的兴起和数码相机的出现带来了海量的图像数据。同时，机器学习的理论越来越完善，以往许多基于规则的图像处理方式都被基于机器学习的图像处理模式所替代。其主要过程是自动从海量数据中总结归纳物体的特征，然后进行识别和判断。这一阶段，计算机视觉得到了迅速发展，涌现出非常多的实际应用场景，典型的有相机人脸检测、安防人脸识别、车牌识别等。

2010 年以后，随着深度学习和 GPU 芯片技术的发展，计算机视觉技术得到了快速发展，并逐步实现产业化。通过深度神经网络，各类视觉相关任务的识别精度都得到了大幅提升。根据全球权威的计算机视觉竞赛 ILSVR（ImageNet Large Scale Visual Recognition Competition）的数据，在 2010 年和 2011 年，千类物体识别的错误率分别为 28.2% 和 25.8%。2012 年之后，随着深度学习技术的引入，后续 4 年的识别错误率逐渐下降为 16.4%、11.7%、6.7%、3.7%，实现了显著的突破。

5.1.2 计算机视觉的挑战与机遇

传统的计算机视觉研究方法主要以挖掘图像特征为核心，出现了一些具有一定应用价值的人工设计特征算法，如 SIFT、HOG 和 LBP 等。但基于人工设计特征的计算机视觉算法存在着一些缺陷：

- 人工设计特征是基于图像的色彩、纹理等数据成像基本特征信息进行分析的，因此无法表达图像的高层语义信息，特别是面对变化的图像时成功判定的概率较低。
- 人工设计特征通常是针对某一领域的具体应用而设计。当应用领域发生变化时，固定的特征判别策略会导致准确率大幅下降，算法的泛化能力较弱。
- 在一些特定领域的复杂图像研究中，需要采用多种特征的组合。正确选择并组合这些低层特征以获得具有更强判别性能的高层语义特征，复杂度较高。

随着神经网络技术的发展，特别是将卷积神经网络的特征学习策略引入计算机视觉处理领域，并以此替代传统的人工选择特征的策略，就成为新的研究热点。基于深度学习的卷积神经网络可以通过大量的图像数据不断修正和优化网络内部相关连接的权重参数，从而获得图像的低层简单特征到高层抽象特征的表达，具有更高的准确率和泛化能力。

由于计算机视觉领域的复杂性和多样性，卷积神经网络在计算机视觉领域中的研究仍然存在许多需要解决的问题。计算机视觉发展面临的挑战主要来自三个方面：

- 有标注的图像和视频数据较少。机器在模拟人类智能进行认知或者感受的过程中，需要大量有标注的图像或者视频数据指导机器学习并训练其中的模型。当前主要依赖人工标注海量的图像视频数据，这不仅费时、费力，而且没有统一的标准。目前可用的有标注的数据非常有限，这使机器的学习能力受到了限制。
- 计算机视觉技术的精度有待提高。例如，在物体检测任务中，当前最好的检测正确率仅为66%，这样的结果只能应用于对正确率要求不是很高的场景。
- 迫切需要提高计算机视觉任务处理速度。图像和视频信息需要借助高维度的数据进行表示，这是让机器"看懂"图像或视频的基础。但高维度的数据处理对计算机的图像处理能力和训练算法执行效率提出了很大的挑战。

计算机视觉的发展趋势包括以下几类：

- 合成数据技术，即通过人工或智能方式合成可以用来训练深度学习模型的图像数据。例如，当前的SUNCG数据集被用于模拟室内环境、Cityscapes数据集被用于驾驶和导航、合成人类的SURREAL数据集被用于学习姿势估计和追踪等。
- 视觉问答（Visual Question Answering，VQA）技术，这是一种结合计算机视觉和自然语言处理的新问题。通常的应用场景是给计算机展示一张图片，并让计算机回答关于图片的问题。答案可以是以下任何一种形式：一个单词、一个词组、逻辑判断、选择题答案或者填空题答案等。目前的DAQUAR、Visual7W、COCO-QA、VQA等多种数据集都致力于解决这项任务。
- 3D对象理解，这对于深度学习系统成功解释和理解现实世界至关重要。例如，当前的计算机视觉技术能够在一幅街道图像中定位一辆汽车，并为其所有像素着色，也能够将其归类到汽车这一大类中。但问题在于它是否能够理解图像中的汽车相对于街道中其他物体的位置。3D对象理解涉及各类研究领域，包括目标检测与跟踪、姿态估计、深度估计和场景重建等。

5.1.3 计算机视觉常见的数据集

1. MINIST

MINIST数据集是由美国国家标准与技术研究所（National Institute of Standards and Technology，NIST）收集并整理的一个手写体数字的标准图片数据集。MINIST数据集的训练集（training set）包含60 000张28×28分辨率的二值图像，分别由250个不同的人手写的数字构成，其中50%是高中学生，50%来自人口普查局的工作人员。测试集（test set）包含10 000张28×28分辨率的二值图像，书写者也是同样比例的人员构成。MINIST数据集是深度学习框架常用的数据集之一。早期的深度卷积网络LeNet便是以MINIST数据集为基础训练和测试神经网络的。图5.1是MINIST数据集中的部分图像。

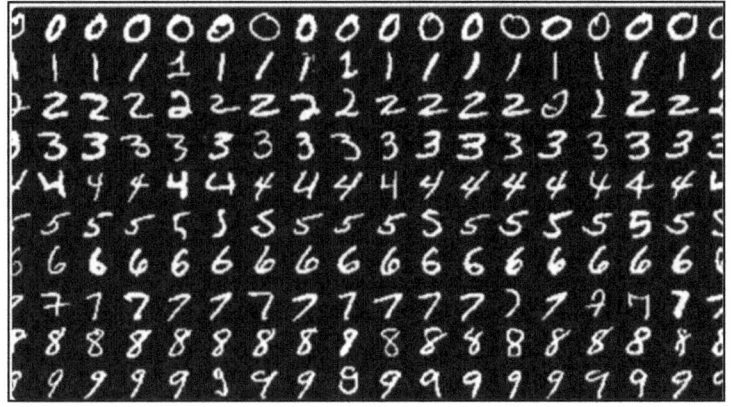

图5.1 MINIST数据集

2. CIFAR-10

CIFAR-10是计算机视觉领域中的一个标准的基准数据集。CIFAR-10包含10个类别，共计 60 000 张特征向量维数为 3072 的 32×32×3（RGB）的图像，如图 5.2 所示。CIFAR-10 的图片比较复杂，因为其包含的对象种类很多。CIFAR-10 是卷积神经网络架构的基准测试集的部分示例。

图 5.2　CIFAR-10 数据集

3. 哥伦比亚大学公众人物脸部数据库

哥伦比亚大学公众人物脸部数据库（Public Figures Face Database，PubFig）是一个真实世界人脸数据集。其数据来源于从互联网上收集的 200 个人的 58 797 张图像。与现有的其他人脸数据集不同，PubFig 中的图像是在完全不受控制的情况下拍摄的。因此，各个图像在人物姿势、灯光、表情、场景、摄像机、成像条件和参数等方面都存在很大差异。该数据集主要用于非限制场景下的人脸识别。图 5.3 是 PubFig 数据库中人脸图像数据的部分示例。

图 5.3　PubFig 数据库

4. CelebA 数据集

Large-scale CelebFaces Attribute（CelebA）数据集是由香港中文大学开放提供的名人人脸属性数据集。这个数据集中的图像覆盖了人类大部分的姿态变化，还有很强的背景噪声。CelebA 数据集的特点是具有多样性、数量巨大且注释丰富。该数据集中包含 10 177 个不同的人，共 202 599 张人脸图像。每张图片都给出了特征标记，包含人脸 bbox 标注框、5 个人脸特征点坐标以及 40 个属性标记，非常适合用于人脸相关的计算机视觉训练任务。图 5.4 是 CelebA 数据集中的人脸图像部分示例。

图 5.4 CelebA 数据集

5. Multi-Task Facial Landmark（MTFL）

MTFL 数据集包含 12 995 个从互联网收集的人脸图像。该数据集的图像标注了 5 个主要特征，包括性别、笑脸、穿着、眼睛和头部姿势。图 5.5 是 MTFL 数据集中的部分图像示例。

6. HMDB51

HMDB51 数据集是一个视频数据集，包括 51 类动作，共 6849 段视频。该数据集包含常见的面部表情动作，如微笑、咀嚼、说话等；和物体交互有关的面部动作，如吃东西、喝饮料、抽烟等；常见的肢体动作，如鼓掌、爬楼梯、跑步、潜水、坐下等；和物体交互有关的肢体动作，如洗头、打高尔夫、骑自行车、射击、打篮球等；和人交互有关的肢体动作，如拥抱、亲吻、击剑、拳击等。图 5.6 是 HMDB51 数据集的部分实例。

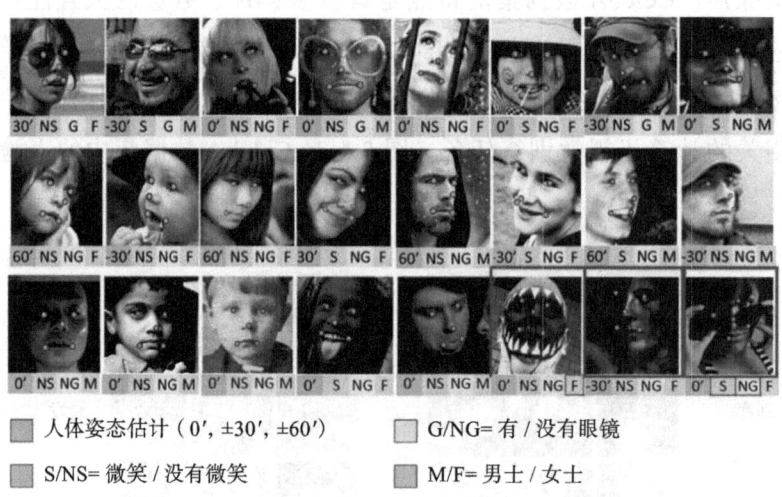

■ 人体姿态估计（0′, ±30′, ±60′）　　□ G/NG= 有 / 没有眼镜
■ S/NS= 微笑 / 没有微笑　　　　　　■ M/F= 男士 / 女士

图 5.5　MTFL 数据集

图 5.6　HMDB51 数据集

7. UCF101

UCF101 数据集包括 101 类动作，共 13 320 段视频。数据集包括多种类型的动作：人与物体交互相关的动作，如画眼线、转呼啦圈、拖地、打字等；肢体动作，如打太极、引体向上、俯卧撑等；人与人交互相关的动作，如剪头发、阅兵、跳舞等；演奏乐器的动作，如打鼓、弹吉他、演奏钢琴等；运动动作，如潜水、跳高、举重等。图 5.7 是 UCF101 数据集的部分实例。

图 5.7 UCF101 数据集

8. Moments in Time

Moments in Time 数据集是 IBM 与 MIT 联合提出的视频动作理解数据集。该数据集有 1 000 000 段视频，视频长度均为 3 秒。每个视频都有一个动作标签（后续版本可能拓展为多标签）。动作主体包括人、动物、物体以及自然现象。该数据集的类内差异和类间差异均很大。数据集还存在部分或完全依赖于声音信息的动作，如拍手等行为。图 5.8 是 Moments in Time 数据集。

用于人脸识别的数据集还有很多，如 Colorferet、Labeled Faces in the Wild Home（LFW）、Person Identification in TV Series、CMUVASC & PIE Face Dataset、

YouTube Faces、CASIA-FaceV5、The CNBC Face Database、CASIA-3D FaceV1、IMDB-WIKI、FDDB、Caltech 人脸数据库、The Japanese Female Facial Expression (JAFFE) Database 等。这些数据集的规模及特点各不相同，适用于不同需求的计算机视觉训练及测试应用。

图 5.8　Moments in Time 数据集

5.1.4　计算机视觉处理的基本流程

计算机视觉的处理过程可以分为三个层面：图像基础特征抽象、图像语义分析和图像语义理解。

- 图像基础特征抽象主要是对图像的像素数据进行分析，从而获得较为单一的研究对象的数据特征，这也是传统计算机视觉的研究要点。如何提取出图像对象的数据特征、获得具有判别性能的规律表达是该层面研究的主要问题。图像基础特征抽象的典型应用领域包括物体识别、字符识别。
- 图像语义分析需要针对一幅图像分析出图像特定区域包含的语义信息。图像语义的分析比低层的基础特征抽象更加复杂，除了要识别出图像中的对象，还需要对其位置、边缘等信息进行准确的区分。常见的图像语义分析应用领域包括图像分割、语义分割和场景标注等。
- 图像语义理解研究的对象是内容比较复杂的图像，需要通过图像中包含的众多对象，分析出图像潜在的语义信息，完成对于一幅图像在语义层面的"理解"。常见的图像高层语义理解研究包括场景识别、图像摘要生成和图像语义问答等。

计算机视觉的基本流程如图 5.9 所示，一般包括如下步骤。

1）收集和整理准备输入的图像数据。如果图像数据为视频资料，通常需要将视频分成多帧的静止图像。

2）对图像进行预处理，涉及图像数据的去噪处理、图片数据大小的标准化和图像色域变换等操作。

3）根据图像的预定任务选择相应算法，比如目标检测、图像分割等。目前常用的图像处理算法都是基于深度神经网络架构来展开的。

4）针对要处理的图像数据特点提取相应的数据特征。如果采用深度神经网络架构，这些数据调整通常是由神经网络经过数据训练产生的。

5）根据图像处理得到的特征或者利用已经训练完毕的神经网络架构，可以对新的图片某种属性进行处理或操作，比如识别、分类、图像分割或目标检测等。最后输出图像处理的结果。

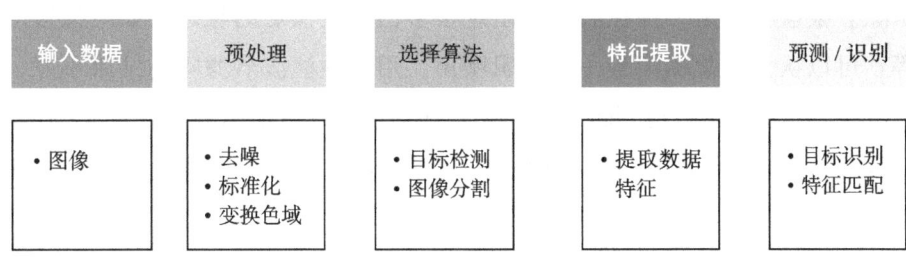

图 5.9　计算机视觉基本流程

5.2　图像预处理

5.2.1　图像去噪

由于光照强度变化、场景移动以及采集图像的设备性能等因素影响，获取的图像信息中不可避免地存在噪点。这种图像也称为含噪图像或噪声图像。图像去噪就是减少数字图像中噪声的过程。

设 $f(x, y)$ 表示给定的原始图像，$g(x, y)$ 表示图像信号，$n(x, y)$ 表示噪声。根据噪声添加的方式不同，可以分为三类：

- 加性噪声。此类噪声与输入图像信号无关，含噪图像可表示为 $f(x, y)=g(x, y)+n(x, y)$。噪声通常是在信道传播过程中及设备扫描图像时产生。高斯噪声即属于此类噪声。
- 乘性噪声。此类噪声与图像信号有关，含噪图像可表示为 $f(x, y)=g(x, y)+n(x, y)g(x, y)$，电视图像中的相关噪声就属于此类噪声。
- 量化噪声。此类噪声与输入图像信号无关，是图像数据在采集时进行量化过程所产生的量化误差，再反映到接收端而产生。

按照密度分布规律，噪声又可以分为高斯噪声、椒盐噪声、均匀噪声、瑞利噪声、指数噪声和伽马噪声等。其中高斯噪声是指噪声密度分布服从高斯分布，即某个强度的噪声点个数最多，离这个强度越远，噪声点个数越少，且这个规律服从高斯分布。高斯噪声是一种加性噪声，即噪声直接加到原图像上，因此可以用线性滤波器滤除。椒盐噪声是一种在图像上出现很多白点或黑点的噪声，如电视里的雪花噪声等。可以认为椒盐噪声是一种逻辑噪声，用线性滤波器滤除的结果不好，一般采用中值滤波器滤波可以得到较好的结果。均匀噪声是指功率谱密度（信号功率在频域的分布状况）在整个频域内是常数的噪声。所有频率具有相同能量密度的随机噪声称为白噪声。

常用的图像去噪方法有以下几种。

- 中值滤波法：这是一种非线性信号处理平滑技术。其基本原理是将数字图像中每一个像素点的灰度值设置为该点某邻域窗口内所有像素点灰度值的中值。采样中值滤波技术可以消除孤立的噪声点。若图像在某点的灰度值为 $I(x, y)$，对于滤波区域 R 内的像素进行中值滤波后的结果为：

$$I'(x, y) = \text{median}\{I(u+i, v+j) | (i, j) \in R\} \quad (5.1)$$

- 高斯滤波法：这种滤波技术广泛应用于图像处理的减噪过程，其特点是使指定频段的信号容易通过而其他频段信号受到抑制。高斯滤波能够增强图像的细节部分，在保证图像整体清晰的基础上，去除局部的噪声。高斯滤波的公式如下：

$$H(u,v) = A\mathrm{e}^{-D^2(x,y)/2\sigma^2} \tag{5.2}$$

其中，$H(u)$ 表示频率域，σ 表示高斯曲线标准差，$D(x,y)$ 表示经过傅里叶变化后的某点距离原点的距离。

- 邻域平均滤波法：该方法的原理是用一个指定大小的模板 S 在图像上进行滑动处理。假设模板的中点像素的灰度表示为 $I(x, y)$，那么经过邻域平均滤波后，其像素值变化为：

$$I'(x,y) = \frac{1}{N^2} \sum_{x,y \in S} I(x,y) \tag{5.3}$$

其中，模板 S 的规模为 $N \times N$。从原理可以看出，滑动处理的模板 S 规模越大，消除噪声的效果也越好。但是，利用邻域平均滤波进行图像去噪过程中，过大的 N 值会降低图像的质量，使图像变得模糊。

- 加权平均滤波法：此方法是在邻域平均滤波的基础上改进的算法。其原理是在模板 S 中，不同位置的像素值在进行加权平均计算时采用不同的权值，离像素中心越近，其权值就越大。这样处理的结果是在进行图像去噪时，边缘和细节部分不会有明显的模糊痕迹。

5.2.2 图像归一化

图像归一化处理就是将原始图像变换为标准图像的过程，其目的是将每幅图像调整到相同的尺寸、相同的对应位置以及相同的灰度。图像归一化有利于提高目标图像边缘定位分割的准确性，并扩大适用的图像处理算法范围。在图像归一化过程中，应该尽量保留原始图像的相关信息，减少尺度、平移、旋转、灰度处理等变换过程对图像数据的影响。

图像归一化分为空间归一化和灰度归一化两个方面。

- 空间归一化是对图像空间大小进行归一化处理，目的是消除空间变换对图像的影响。其关键在于找出图像的旋转、平移和尺度因子。空间归一化通常是基于特征或像素来进行处理的。基于特征的归一化需要提取出图像的角、点、曲率或边缘等图像特征，再通过比较得到归一化图像和样本图像之间的几何位置关系，从而确定空间归一化变换因子。基于特征的归一化方法对原始图像的质量要求较高，若原始图像中的噪声很大，在提取几何特征时会出现较大偏差，从而影响归一化处理结果。基于像素的归一化一般根据待归一化图像的不变矩来确定归一化变换因子。这种方法抗干扰能力较强，但参考图像和待归一化的原始图像在目标背景上的差异会影响获得的尺度因子的准确性。
- 灰度归一化指的是在保留原始图像数据有效信息的同时，尽量减小甚至消除图像中因光照、角度等外界原因造成的灰度不一致现象，从而提高图像处理的精度。大部分灰度归一化方法都依靠图像自身数据所包含的信息来实现。灰度归一化通常分为两类。一种是基于直方图的灰度归一化方法，另一种是基于分割的灰度归一化方法。基于直方图的灰度归一化方法采用分段线性运算对图像进行转换，其转换速度较快、数据处理效率较高，但这种方法需要选择恰当的样本图像作为参考的标准图像，同时需要确定灰度范围和特征点。而基于分割的灰度归一化方法在归一化处理的同时，可对图像进行有效识别，但此方法需要结合统计信息作为图像灰度归一化处理的先验知识，对图像处理算法的限制较多。

5.2.3 图像分割技术

图像分割技术是指根据灰度、纹理、色彩等特征将图像划分为若干个互不相交的区域，使各个区域内部具有相似性，而各区域之间表现出相异性。图像分割对图像的分类和分析具有重要意义。图像分割及其基于分割的目标表达、特征提取和参数测量等处理方式可以将原始图像转化为更抽象、更紧凑的形式，使实现更高层的图像分析和理解成为可能。在处理图像的过程中，由于图像中某个像素与相邻像素之间有很强的相关性，即不管是纹理还是灰度级都很相似。如果物体的尺寸很小或者对比度不高，通常需要采用较高的分辨率来区分。如果物体的尺寸很大或者对比度很强，那么仅仅需要较低的分辨率就能区分。如果待分析的物体尺寸有大有小、对比度有强有弱，即这些关系同时存在，此时只能用多分辨率进行处理。

目前常见的图像分割技术主要包括以下几种。

1. 阈值分割法

阈值分割法的基本原理是根据图像的整体或部分信息选择一个预定的阈值，并以这个阈值为基础，按照不同灰度级别对图像进行分割。由于阈值分割法直接利用灰度值进行计算，处理速度很快。当图像中目标与背景灰度差异很大时，使用全局阈值即可实现有效分割。但当图像灰度差异不大或多个目标的灰度相近时，需要采用局部阈值或动态阈值进行分割。基于阈值的分割方法的局限是，当图像中的灰度值差异不明显或灰度范围重叠时，可能出现过分割或欠分割的情况。另一方面，阈值方法没有考虑图像的空间特征和纹理特征，仅计算图像的灰度信息，因此整体抗噪性能较差。

2. 边缘检测分割法

边缘检测分割法是指通过检测边界把图像分割成不同的部分。通常图像在不同区域的边缘处灰度值变化较大，较容易区分。边缘检测分割法按照执行顺序的差异可分为串行边缘分割技术和并行边缘分割技术。边缘检测分割法的重点是如何权衡进行检测时的抗噪性能和精度。若提高该方法检测精度，噪声引起的伪边缘会影响图像得到过多的分割结果；若提高该方法的抗噪性，会使轮廓处的处理结果精度降低。边缘检测分割法通常根据图像信息进行数学运算来确定边缘点位置。该方法的优点是运算速度快、边缘定位准确，缺点是在划分复杂图像时容易产生边缘不连续、边缘丢失或边缘模糊等问题。

3. 区域分割法

区域分割法包括区域生长法以及区域分裂与归并法。区域生长法依据某种相似性标准，把符合此标准的相邻像素点加入同一区域，最终得到目标区域。区域分裂与归并法是从完整的图像开始，将不符合相似标准的各子区域等分，同时把符合标准的相邻子区域合并成一个区域，这样不断循环，从而获得分割结果。

图像区域归并是根据预先定义的标准，把像素或者子区域集合成较大区域。归并算法的区别在于初始分割的定义和归并标准。区域归并的结果通常与归并的顺序有关。归并步骤如下：

1）定义某种初始化方法，将图像分割成很多具有一致性的小区域。
2）为归并两个邻接区域定义一个标准。
3）将满足归并标准的所有邻接区域归并起来。
4）重复步骤3，直到不再有两个区域满足归并标准时停止。

区域分裂是区域归并的反过程。在处理时首先将整个图像作为一个区域，然后连续地对每个存在的区域进行一致性测试，对不满足测试条件的区域进行分裂，直到所有区域均满足一致性条件为止。

4. 基于神经网络技术的图像分割方法

基于神经网络技术的图像分割方法的原理是将样本图像数据用于训练神经网络，得到决策函数，进而用获得的决策函数对图像像素进行分类，从而实现图像分割。其中，基于图像像素数据的神经网络分割算法需要使用高维度的原始图像作为训练数据，而基于图像特征数据的神经网络分割算法主要是利用图像具有的特征信息。前者包含更多图像信息，需要对每个像素进行单独处理，数据量大并且数据维度高，所以系统较为复杂，运算速度较慢，但整体处理效果较好，算法的泛化性较高。

5.3 计算机视觉常用的网络结构

5.3.1 图像分类常用的深度学习网络结构

图像分类是对输入图像包含的图像内容进行分类的过程。它是计算机视觉的主要研究内容之一，应用十分广泛。图像分类的传统方法是特征描述及检测法，对简单的图像具有较好的分类效果，但它涉及真实应用场景中的复杂图像，因此传统图像分类方法的性能比较低。目前，图像分类的主流方法是搭建深度学习的神经网络，并针对具体分类任务对神经网络进行训练，从而得到图像分类结果。

在第4章中介绍的卷积神经网络结构，如 VGG、LeNet、ResNet 等，已经广泛用于图像分类的工作中。本章重点介绍人脸识别这一特殊图像分类任务常用的深度学习神经网络结构。

1. 孪生网络

在人脸识别中，存在 one-shot 问题。one-shot 问题是指针对每一个类别，只提供一个或少量训练样本，且样本有变动性。比如，进行人脸识别时，每个人只提供一张照片，训练样本比较少。通常样本数据对应着一个确定的标记值，因此可以通过监督学习训练神经网络。在面对 one-shot 问题时，这种工作方式就无法处理了。因为每个类别只有一个样本，无法让模型直接分类。为了解决 one-shot 问题，需要训练一个模型来输出给定两张图像的相似度。神经网络模型通过训练得到的是图像的相似函数。这样，虽然一个人只有一张图片，但用两两配对作为模型输入时，每张图片都能被模型学习多次。有样本变动时，也不需要重新训练模型。

孪生网络就是可以实现上述处理过程的神经网络。在孪生网络中，有两个子神经网络。这两个子网络不仅结构一样，并且权值设置也是共享的。它可以实现学习两张图像相似度的模型，并且不需要图像数据提供标记值。图 5.10 是孪生网络结构的示意图。

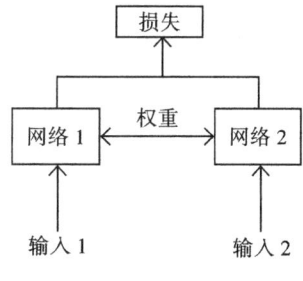

图 5.10 孪生网络结构

孪生网络有两个输入,将两个图像数据分别输入两个神经网络(网络 1 和网络 2),这两个神经网络分别通过一个函数将输入映射到目标空间,形成输入在目标空间中的表示。之后,在目标空间中计算出特征距离(如欧式距离),从而进行相似度对比。在训练阶段,最小化来自相同类别的一对样本的损失函数值,最大化来自不同类别的一对样本的损失函数值。

针对两个输入 X_1 和 X_2,因为左右两个网络的网络结构完全相同,不妨设它们共享的相同权值为 W,分别输出低维空间结果,它们是由 X_1 和 X_2 经过网络映射得到的。然后,针对得到的这两个输出结果,通过距离度量的方法计算两者之间的距离,用于评价输入 X_1 和输入 X_2 的相似程度,因此可得到以下公式:

$$E_W(X_1, X_2) = \|G_W(X_1) - G_W(X_2)\| \tag{5.4}$$

公式中,$G_W(.)$ 是输入数据的映射函数,即孪生网络中的子网输出值。当输入是相同类别的图像时,应使 E_W 很小。当输入是不同类别的图像时,应使 E_W 尽量大。E_W 是用来计算两个分支特征距离的函数,可以选择余弦距离、指数距离或欧式距离等度量函数。

在对孪生网络进行训练时,输入数据为一对图像 (X_1, X_2, p),其中 p 为图像的标记。当 $p=1$ 时,表示 X_1 和 X_2 是同一个类别的图像;$p=0$ 表示 X_1 和 X_2 是不同类别的图像,即相同对输入数据为 $(X_1, X_2, 1)$,欺骗对输入数据为 $(X_1, X_2, 0)$。其损失函数应该遵循以下原则:

- 当两个输入 X_1 和 X_2 不相似,即 $p=0$ 时,X_1 和 X_2 的距离度量函数 E_W 越大,函数损失越小。
- 当两个输入 X_1 和 X_2 相似,即 $p=1$ 时,X_1 和 X_2 的距离度量函数 E_W 越大,函数损失越大。

因此,孪生网络的损失函数可以表示为:

$$\text{Loss}(X_1, X_2) = (1-p)L_1 + p.L_2 \tag{5.5}$$

其中，L_1 表示 $p=0$ 时的损失，L_2 表示 $p=1$ 时的损失。

孪生网络的主要优点是弱化了数据的标记，只需要通过两个分支特征表达的相似度来调整网络模型。这使孪生网络提取的特征获得了很好的扩展性和泛化能力，因此可以将没见过的样本映射到目标空间中。

2. Triplet 网络

当使用随机对象的数据集时，孪生网络可以将一个对象认定为与另一个对象相似。但是，如果只想区分一组个体中的两个对象，可能就会出现误判。孪生网络在选取图像特征时，并没有足够的信息去判断两者之间的关系。即使面对训练样本数量较少的简单分类问题，也可能产生误差。Triplet 网络则利用三个样本组成一个训练组，从中获取拟合函数。Triplet 在 CIFAR 和 MINIST 数据集上的测试结果都优于普通孪生网络。

Triplet 网络有三个输入，可以选择输入一个正例和两个负例，或者输入一个负例和两个正例。Triplet 网络训练的目标是让相同类别间的距离尽可能小，让不同类别间的距离尽可能大。其基本结构如图 5.11 所示。

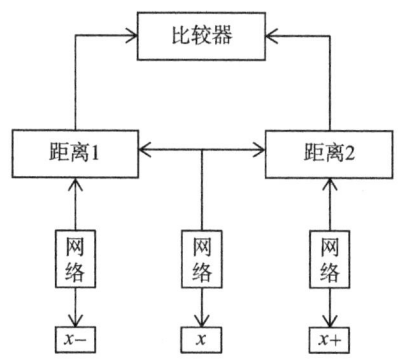

图 5.11 Triplet 网络基本结构图

Triplet 网络由 3 个具有相同前馈的网络组成，它们共享网络的权重参数。Triplet 网络接收到 3 个样本后，网络输出两个中间值并计算与第三个变量之间的欧式距离。3 个输入分别用 x、$x+$ 和 $x-$ 表示，网络的嵌入层表示为 net(x)。Triplet 网络是一个三元组，其构成为：从训练数据集中随机选取一个样本，该样本称为 Anchor（记为 x）。然后，随机选取一个和 Anchor 属于同一类的样本和一个不属于同一类的样本，这两个样本分别称为 Positive（记为 $x+$）和 Negative（记为 $x-$）。由此构成一个（Anchor，Positive，Negative）三元组。x、$x+$ 和 $x-$ 之间的关系用欧氏距离表示，通过训练参数使 x 不断向 $x+$ 靠近，同时尽量远离 $x-$，最终实现分类任务。

Triplet 网络模型允许通过比较样本而不是查找数据标签进行学习，因此可以将其用在无监督学习过程中。Triplet 网络模型采用三元组作为训练样本，在训练规模较小的数据集上依然能够获得较好的性能。

5.3.2 视频分类常用的深度学习网络结构

在视频分类中，有两种非常重要的特征，即表观特征和时序特征。一个视频分类系统的性能很大程度上取决于它是否提取并充分利用这两种特征。在提取这两种特征时，会受到一些因素的影响，比如形变、背景影响、视角转换、运动模糊等。因此，需要设计一个既能有效去除噪声同时能保留视频有效特征的算法。虽然卷积神经网络在图像分类上有较高的判别准确率，但是卷积神经网络本身是对二维图像的表观特征的建模。对于视频分类来说，除表观特征之外，时序特征也很重要。为了将时序特征很好地利用起来，通常有三种思路，一是加入 LSTM 以提取时序特征，二是使用 3D 卷积网络，三是使用双流网络。

1. LSTM 系列

LRCN 是结合 LSTM 和 ConvNet 进行视频分类处理的方法。LRCN 采用在图像分类任务上训练好的 ConvNet 分类器，可以很好地提取视频帧的表观特征。对于时序特征的提取，则可以通过直接增加 LSTM 层来实现。LSTM 能够将多个时刻的状态作为当前时刻的输入，所以能够保留时间维度上的有效信息。其网络模型如图 5.12 所示，它将原始视频的每一帧输入卷积神经网络，然后卷积神经网络的输出会作为 LSTM 的输入，LSTM 的输出作为最终网络的输出。卷积神经网络和 LSTM 的参数是按照时间片共享的。

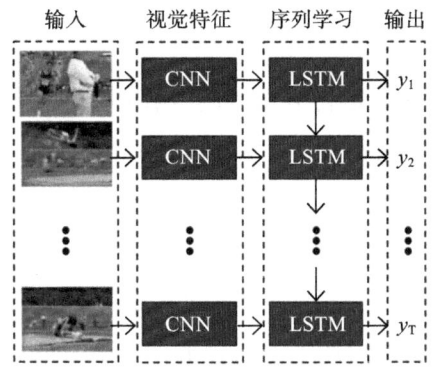

图 5.12 LRCN 网络结构

在计算机视觉中利用 LSTM 对时序数据进行建模有两个优点。首先，LSTM 模型在与当前的视觉系统集成时，可以直接进行端到端的微调；其次，LSTM 不限于固定长度的输入或输出，允许对不同长度的连续数据进行建模，也就是说对视频长度没有限制。

LRCN 网络使用端到端的训练方法，其输入模式主要有两种，即 RGB 和光流。最终得到的损失为所有时刻损失的总和。输入模式为光流时，将光流的数值归一化到 $[-128,128]$ 范围内，第三个通道的值为 x 分量和 y 分量合成光流的幅值。输入的视频长度为 16 帧，网络的最终预测结果是所有时刻预测结果的平均值。LRCN 网络的性能在 RGB 输入和光流输入下都优于基于单帧卷积神经网络的方法。如果视频帧中包含目标，并且目标是行为类别的强相关因素（即只要看到这个目标就能够正确地进行视频分类），那么使用 RGB 输入的效果更好。如果视频帧中不包含目标或者包含的目标不具有典型性，那么使用光流作为输入的效果更好。

2. 3D 卷积网络系列

与 2D 卷积网络相比，3D 卷积网络能够通过 3D 卷积和 3D 池化操作更好地对时间信息进行建模。在 3D 卷积网络中，卷积和池化操作在时间和空间上同时执行；而在 2D 卷积网络中，上述操作仅在空间上完成。单张图像经过 2D 卷积将输出一个图像结果，多张图像从不同的通道经过 2D 卷积仅仅输出一个图像结果。因此，2D 卷积网络在处理视频数据时会丢失输入数据的时间信息。只有 3D 卷积才能保留输入数据的时间信息，从而产生输出卷。

C3D（Convolutional 3D）是利用 3D 卷积网络学习视频数据的时空特征的一种主要算法，其原理如图 5.13 所示。2D 卷积操作是将卷积核在输入图像或特征图上进行滑窗，从而得到下一层的特征图。图 5.13a 是在一个单通道的图像上做 2D 卷积，图 5.13b 是在一个多通道的图像上做 2D 卷积。这里的多通道图像可以是同一张图片的 3 个颜色通道，也可以是多张堆叠在一起的帧，即一小段视频。最终的输出都是一张二维的特征图。也就是说，不同通道的信息被完全压缩了。在 3D 卷积中，为了保留时序信息，需要对卷积核进行调整，从而增加一维时域深度。如图 5.13c 所示，3D 卷积的输出仍是一个三维的特征图。通过 3D 卷积，C3D 可以直接处理视频，同时能够处理表观特征和时序特征。

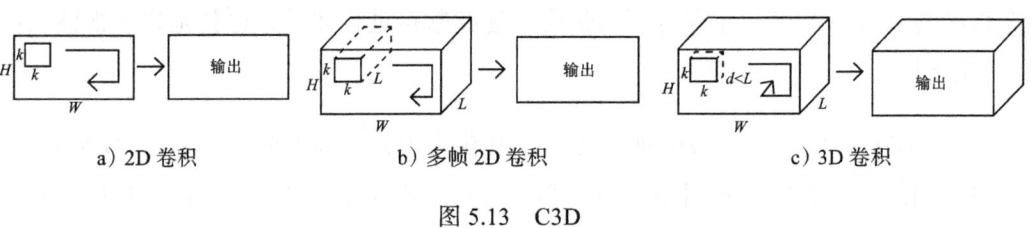

a) 2D 卷积　　　　b) 多帧 2D 卷积　　　　c) 3D 卷积

图 5.13　C3D

C3D 在 UCF101 数据集上的准确率为 82.3%，原因在于 C3D 的网络结构仅有 11 层深度，并且没有使用迁移学习。I3D（Inflated 3D ConVnet）是 DeepMind 团队在 C3D 基础上提出的改进方案，主要思想是将预先训练好的 2D 卷积网络的权重赋值给 3D 卷积网络，以达到较好的分类效果。首先，将一张图像在时间维度上重复 T 次，可以将其看作一个 T 帧的视频。为了使该视频在 3D 结构上的输出和单帧图像在 2D 结构上的输出相等，可以将 3D 卷积的权重等于 2D 卷积的权重重复 T 次，再将权重缩小 T 倍以保证输出一致。I3D 在 Kinetics 数据集上进行预训练，然后用于 UCF101，其精度可达到 98.0%。P3D 是微软亚洲研究院基于 C3D 做出的另一种改进方案，其基本网络结构是把 ResNet 扩展为伪 3D 卷积，即利用一个 1/3/3 的二维空间卷积和 3/1/1 的一维时域卷积来模拟常用的 3/3/3 的 3D 卷积。

相比 2D 卷积网络，3D 卷积网络能够在学习空间特征的同时学习时序特征。在

3D 卷积网络中,相同架构的情况下 3×3×3 的小卷积核性能表现较好。

3. 双流网络系列

双流网络的基本原理是训练两个卷积网络,分别对视频帧图像和密集光流进行建模。两个网络的结构是一样的,即都是 2D 卷积网络。两个流的网络分别对视频的类别进行判断,得到类别分数,然后进行分数的融合,得到最终的分类结果。双流网络在 UCF101 数据集上可达到 88.0% 的准确率。双流网络结构如图 5.14 所示。

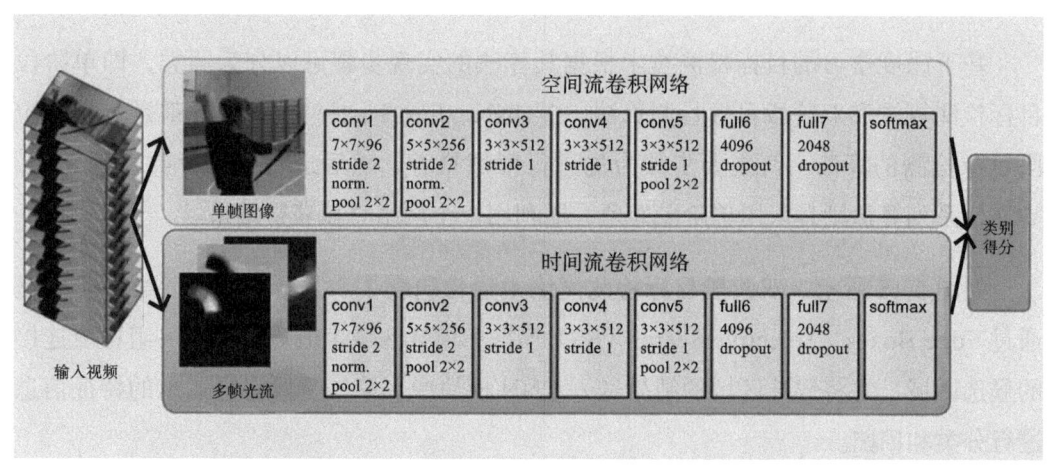

图 5.14 双流网络结构

目前已经有很多算法针对视频帧图像和密集光流的融合进行了改进。例如,在双流网络的基础上,利用 3D 卷积和 3D 池化进行融合,类似于双流网络和 C3D 结合的模式,并且两个分支的网络结构都使用 VGG-16 网络。改进后的网络结构在 UCF101 数据集上的精度可以提高到 92.5%。

TDD(Trajectory-Pooled Deep-Convolutional Descriptor)是将早期的行为识别算法——IDT(Improved Dense Trajectorie)算法与深度学习算法相结合的一种处理方法。它将轨迹特征和双流网络结合使用,以双流网络作为特征提取器,同时利用轨迹对特征进行选择,获得轨迹的深度卷积描述符,最后使用线性 SVM 进行视频分类。TDD 算法在 UCF101 数据集上的精度可以达到 90.3%。

5.3.3 目标检测常用的深度学习网络结构

1. 目标检测原理

目标检测（Object Detection）是计算机视觉领域的基本任务之一。目标检测的主要研究内容是将图像或视频中的目标物体与其他无关的信息区分开来，即判断是否存在待分析的目标物体，若存在则输出目标的坐标位置。近年来，由于深度学习技术进入新的发展高峰期，目标检测算法也从基于手工提取特征的传统算法转向基于深度神经网络的技术。

基于深度学习的目标检测技术根据其算法的实现步骤可以分为两类，即单阶段目标检测算法和双阶段目标检测算法，R-CNN、Fast/Faster R-CNN 等都是采用双阶段目标检测的算法。其主要步骤为先进行区域推荐，然后进行目标分类。而 SSD、YOLO 系列算法则是采用单阶段处理，即利用一个网络直接获得结果。

如图 5.15 所示，双阶段目标检测网络中通常包含 1～2 个卷积层。第一阶段是通过 Edge Boxes、Selective Search（SS）等目标候选区域生成算法生成一组稀疏连接的候选区域，并将候选区域的结果送入 CNN 模块中。第二阶段将提取出的特征信息进行分类和回归。

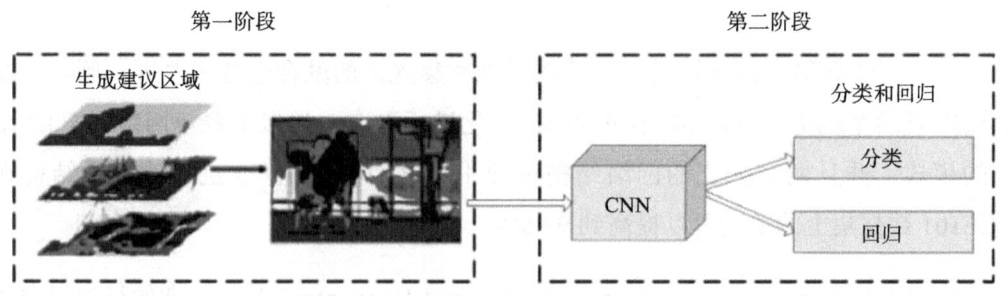

图 5.15　双阶段目标检测算法框图

在目标检测中，IoU 是指交集与并集之比（Intersection over Union），主要用于评价目标检测区域的准确性。两块区域的交集和并集如图 5.16 所示。两个方框的接近程度可以用 IoU 这个比值来定义：

$$\text{IoU} = \frac{I}{U} \qquad (5.6)$$

IoU 可以表示任意两块区域的接近程度。IoU 的值介于 0 ～ 1 之间，且越接近 1 表示两块区域越接近。

图 5.16　IoU 示意图

非极大值抑制（Non Maximum Suppression，NMS）也是目标检测算法常用的处理方式。NMS 主要解决一个目标被多次检测的问题。其流程是首先从所有检测框中找到置信度最大的检测框，然后依次计算其与剩余框的 IoU。如果其值大于一定的阈值，即判定为重合度过高，那么将该框剔除。接下来，对剩余的检测框重复上述过程，直到处理完所有检测框为止。

基于滑动窗口的目标检测算法如图 5.17 所示，设定滑动窗口大小为 3，当滑动窗口每次划过数组时，计算当前滑动窗口中元素的和，得到结果。

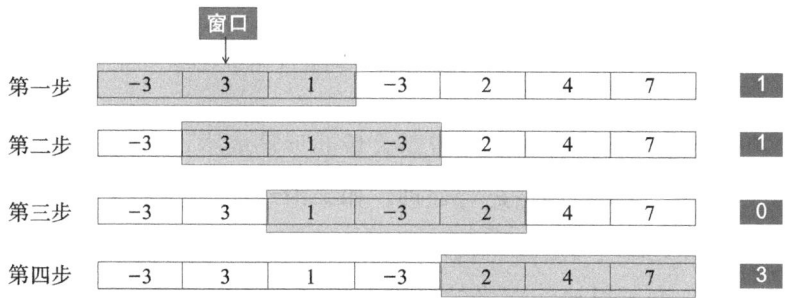

图 5.17　滑动窗口的步骤

假如要从一张图像中识别出一个苹果,首先要创建一个标签训练集,也就是 X 和 Y,表示被剪裁后的苹果图像样本。有了这个标签训练集,输入这些经过适当剪切的图像,卷积网络输出 Y,Y 取值为 0 或 1 表示图片中有或没有苹果。训练之后的卷积神经网络就可以用来实现滑动窗口目标检测。

假设图 5.18 是一张测试图片,首先选定一个特定大小的窗口,比如图片下方的窗口,将这个小方块输入卷积网络。卷积网络开始进行预测,即判断方框内有没有苹果。接下来,滑动窗口目标检测算法继续处理第二个图像,即方框稍微向右滑动之后的区域,并输入到卷积网络,依次重复操作。其基本思路是以固定的步幅滑动窗口遍历图像的每个区域,并把每次截取的区域图像输入卷积神经网络中,对每个位置按 0 或 1 进行分类。然后,选择一个更大的窗口重复上述操作,从而截取更大的区域,并输入到卷积神经网络中进行处理。使用这种方法,无论苹果在图像中的什么位置,总有一个窗口可以覆盖到这个苹果。然后,将苹果的图像数据输入到卷积网络中,经过训练的卷积神经网络就会检测到图片中的苹果。

图 5.18 图像滑动窗口

滑动窗口目标检测算法的缺点是需要大量的计算成本。因为图片中剪切出的区域图像都需要通过卷积神经网络进行处理。如果滑动窗口步幅很大,虽然减少了输入卷积网络的窗口个数,但是会因较大的检测粒度导致检测精度降低。反之,如果采用小步幅,传递给卷积神经网络的区域图像数量会特别多,计算成本就会急剧增长。

2. YOLO 算法

YOLO（You Only Look Once）是一种采用回归策略的端到端目标检测算法。其设计主旨在于舍弃生成建议框（Selective Search），即使用图像分割的方法得到一些初始分割区域，仅需要"看一眼"即可得到目标物体的回归位置信息和类别信息。YOLO 的工作原理是：YOLO 的卷积神经网络将输入的图片分割成 $S \times S$ 大小的网格，然后判断每个网格内是否包含待检测的目标的中心点。如果检测目标的中心落在网格中，则网格需要对检测目标所在的具体位置进行估计。若每个网格需要预测 N 个边界框，则输出结果为每个边界框的位置坐标和置信度（Confidence）。

$$\text{Confidence} = \Pr(\text{Object}) \times \text{IoU}_{\text{pred}}^{\text{truth}} \qquad (5.7)$$

当检测目标落在划分的网格内时，$\Pr(\text{Object})=1$，否则为 0。$\text{IoU}_{\text{pred}}^{\text{truth}}$ 为预测的检测框与实际的检测框之间的 IoU 值。YOLO v1 网络结构图如图 5.19 所示。

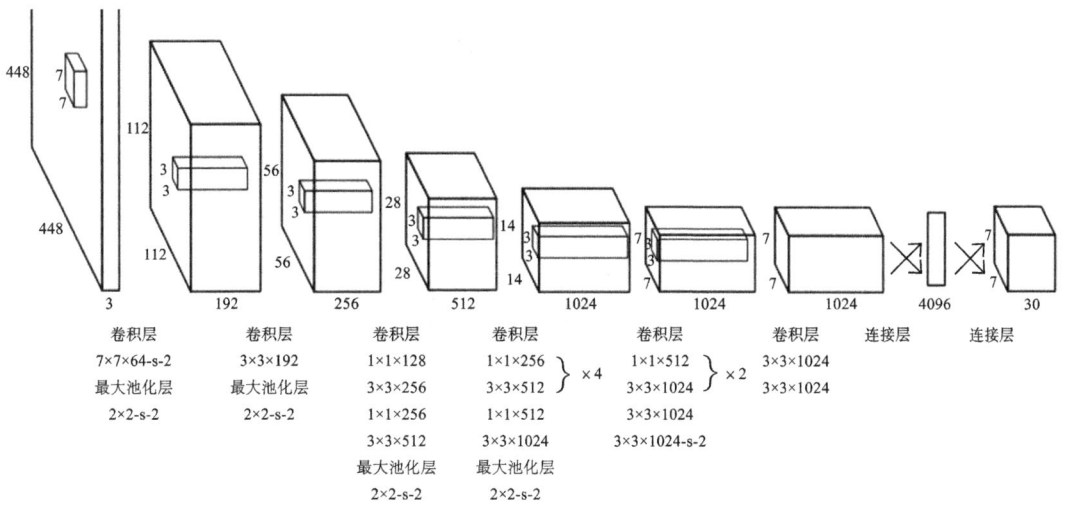

图 5.19 YOLO v1 网络结构图

YOLO 的优点是采用一个卷积神经网络来实现检测，属于单管道策略。因为其训练与预测都是端到端的，所以整体算法简单高效。其次，YOLO 是对整张图片做卷积，所以在检测目标时有更大的视野，信息把握更全面，大大降低了对背景误判的情况。另外,YOLO 的泛化能力很强,在做迁移学习时,模型鲁棒性很高。但是,YOLO 算法也存在一些缺点,首先其各个单元格仅仅预测两个边界框,而且属于一个类别,因此对于小物体的识别准确率比较低。其次,YOLO 对于物体的宽和高两方面的泛化率低,无法定位不寻常比例的物体。

在 YOLO 的基础上,为了提升目标物体的定位和分类准确度,提出了 YOLO v2 算法。该算法进行了一些结构优化,比如引入了批量归一化、更换了高分辨率分类器、采用多尺度训练、引入锚定 Anchor 预测边界框坐标等策略。YOLO v3 则进一步改进了网络结构,采用了 Darknet-53 网络结构,并采用 Logistic 代替了 softmax 层对目标实现了多标签分类,再次提高了分类的准确性。YOLO v3 网络结构如图 5.20 所示。

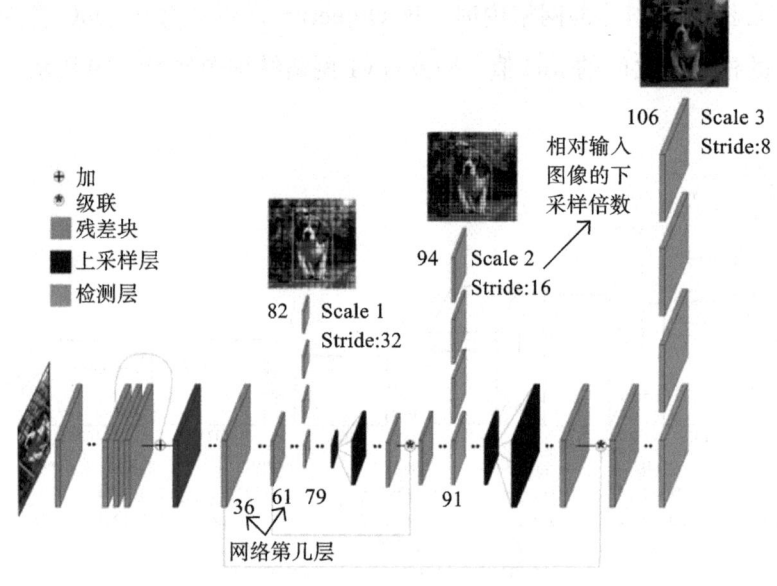

图 5.20 YOLO v3 网络结构图

3. R-CNN

R-CNN 的基本原理是将 AlexNet 在 ImageNet 目标识别的能力泛化到目标检测上来。R-CNN 主要解决了两个问题,一是利用深度神经网络进行目标定位,二是在一个小规模的数据集上训练网络模型。

R-CNN 的思路是利用候选区域与卷积神经网络做目标定位。它借鉴了滑动窗口对区域进行识别的方案。具体来说，首先要给网络一张输入图像，并从图像中提取 2000 个类别独立的候选区域，对于每个区域利用卷积神经网络抽取一个固定长度的特征向量，然后对每个区域利用支持向量机进行目标分类。R-CNN 网络结构如图 5.21 所示。

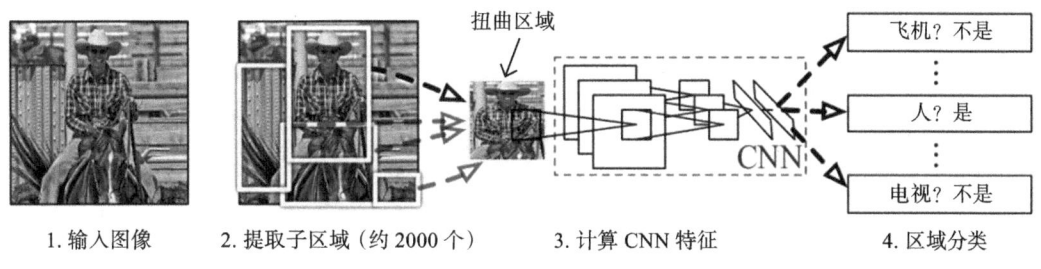

图 5.21 R-CNN 网络结构

R-CNN 利用预训练与微调解决了带标注的数据相对缺乏的问题。该算法使用在 ImageNet 上已经训练好的模型，然后在数据集上进行微调。因为 ImageNet 中的图像多达几百万张，可以利用卷积神经网络充分学习浅层的特征，然后在小规模数据集上做规模化训练以达到最佳的效果。

R-CNN 算法分为 3 个阶段，分别由架构的 3 个模块完成。第一个模块产生类别独立的候选区域，这些候选区域中包含 R-CNN 最终定位的结果。第二个模块针对每个候选区域提取固定长度的特征向量。第三个模块是一系列的 SVM 分类器。

R-CNN 抽取 4096 维的特征向量，并采用 AlexNet 网络结构，整个系统基于 Caffe 进行代码开发。需要特别注意的是，AlexNet 的输入图像大小是 227×227。为了能够与 AlexNet 兼容，R-CNN 选择无视候选区域的大小和形状，统一变换到 227×227 的规模。在对区域进行变换的时候，首先对这些区域进行膨胀处理，即在其框周围附加了 p（$p=16$）个像素，也就是人为添加了边框。在测试阶段，R-CNN 在每张图片上抽取近 2000 个候选区域，并将每个候选区域进行尺寸的修整变换，然后输入神经网络进行特征读取，最后用 SVM 进行类别的识别，并产生分类结果。由于有 2000 个候选区域，会产生许多重叠，因此，每个类还需要计算 IoU 指标，然后采取非极大性抑制,以最高分的区域为基础,剔除那些重叠位置的区域。

4. Fast R-CNN

Fast R-CNN算法是针对R-CNN算法在候选区域进行特征提取时存在重复计算且耗时较长而提出的一种改进算法,其网络结构如图5.22所示。

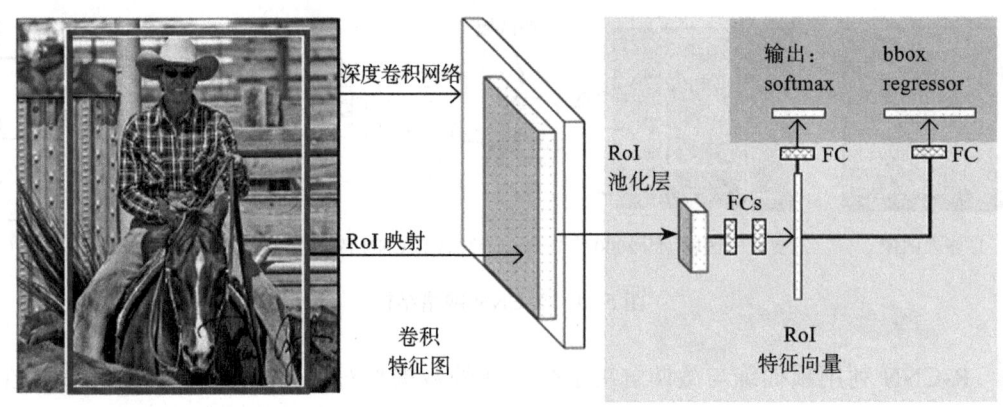

图 5.22 Fast R-CNN 网络结构

从图 5.22 中可以看到,网络结构中的感兴趣区域 RoI 池化层是 SPP（Spatial Pyramid Pooling）的简化版。RoI 池化层去掉了 SPP 的多尺度池化,直接用 $M \times N$ 规格的网格。将每个候选区域均匀分成 $M \times N$ 块,并对每个块进行最大池化,从而将特征图上大小不一的候选区域转变为大小统一的特征向量,然后送入下一层。

Fast R-CNN 在特征提取时首先对图片应用选择搜索算法得到 2000 个候选区域的坐标信息。另一方面,直接将图片归一化到卷积神经网络需要的格式。整张图片输入卷积神经网络后,将 R-CNN 第 5 层的普通池化层替换为 RoI 池化层。输入的图像经过 5 层卷积操作后,得到一张特征图。截取对应的候选区域,经过 RoI 池化层后提取到固定长度的特征向量,再送入全连接层。

R-CNN 的流程是先提取候选区域,然后使用卷积神经网络提取特征,再使用支持向量机做分类器,最后对候选框进行微调。Fast R-CNN 则是将候选框与每个框的位置信息并列放入全连接层,从而形成一个多任务模型。

5. Faster R-CNN

Fast R-CNN 在进行测试时需要耗费大量时间来提取候选区域,整体效率较低。Faster R-CNN 正是为改进这一问题而提出的。Faster R-CNN 用区域生成网络代替 Fast R-CNN 中的 Selective Search 方法,其网络结构如图 5.23 所示。

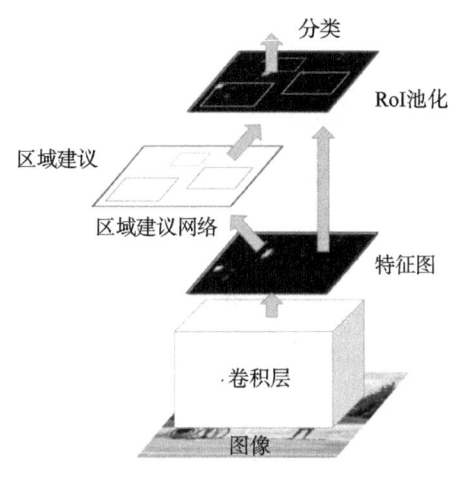

图 5.23　Faster R-CNN 网络结构

Faster R-CNN 着重解决了三个问题:一是如何设计区域生成网络;二是如何训练区域生成网络;三是如何让区域生成网络和 Fast R-CNN 网络共享特征提取网络。首先要向卷积神经网络输入任意大小的图片,并经过卷积神经网络前向传播至最后共享的卷积层。这样一方面能够得到供 RPN 网络输入的特征图,另一方面能继续前向传播至特有的卷积层,产生更高维的特征图。输入的特征图经过 RPN 网络处理可以得到区域建议和区域得分,并对区域得分采用非极大值抑制,输出得分靠前的若干区域建议给 RoI 池化层。然后,将得到的高维特征图和输出的区域建议同时输入到 RoI 池化层,提取对应区域建议的特征。最后,得到的区域建议特征通过全连接层后,输出该区域的分类判别结果。

RPN 是在提取出的特征图上对所有可能的候选框进行判别,其结构如图 5.24 所示。由于后续还有位置精修步骤,因此候选框比较稀疏。RPN 需要使用一个卷积神经网络对原始图片进行特征提取。Faster R-CNN 使用 RPN 生成候选框后,剩下的网络结构和 Fast R-CNN 中的结构相同。在训练过程中，需要训练两个网络，即 RPN 网络和分类网络。通常会采用交替训练法，即在一个训练批次内，先训练 RPN 网络一次，再训练分类网络一次。

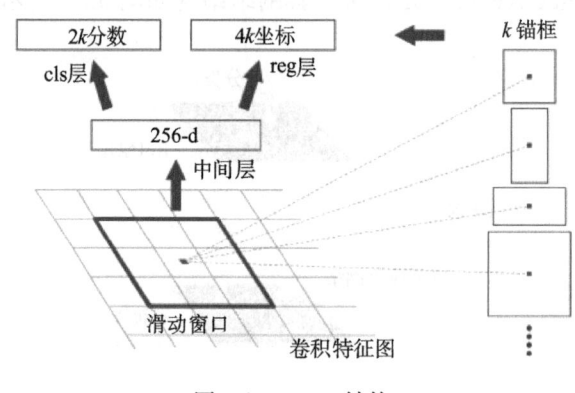

图 5.24　RPN 结构

课后习题

一、填空题

1. 人脸识别通过_____来比较图片的相似性。
2. Siamese 网络与_____结合，将两个图片分别经过 Siamese 网络得到各自的编码，通过一个逻辑输出单元，输出 1 表示识别为同一人，输出 0 则表示识别为不同的人。
3. _____可以用来评价目标检测区域的准确性。
4. _____保证每个目标仅由一个网格和区域对应，每个目标仅检测一次。

二、选择题

1. 下面说法中不正确的是（　　）。

    A. 计算机视觉是指用摄影机和电脑代替人眼对目标进行识别、跟踪和测量等机器视觉，并进一步做图形处理，生成更适合人眼观察或传送给仪器检测的图像

    B. 人脸识别就是人脸验证，判断输入图片是否是指定的某个人

C. 如何利用视频中目标时序信息和上下文等信息成为提升视频分类性能的关键

D. 神经风格迁移是指将一张图片的风格"迁移"到另外一张图片中，生成具有其特色的图片

2. 关于计算机视觉，以下说法中不正确的是（　　　）。

A. 人脸识别中，三元组损失函数需要每个样本包含靶目标、正例、反例三张图片，靶目标和正例是同一个人，靶目标和反例不是同一个人

B. 常见的视频分类方法包括基于单帧图像的视频分类、基于 LSTM 的视频分类、双路 CNN 的视频分类等

C. 随着网络层数的增加，神经网络捕捉的区域更大，特征更加复杂，从边缘到纹理再到具体物体

D. 基于单帧图像的视频分类通过叠加图像特征考虑视频的时序特征

3. 下面关于目标检测说法不正确的是（　　　）。

A. 目标检测就是目标定位，找出目标的位置和大小

B. 滑动窗口算法的优点是原理简单，且不需要人为选定目标区域

C. 通过 YOLO 算法可以明确定位到目标的位置，输出目标的中心点坐标、宽和高

D. R-CNN 是先在图像中求出候选区域，对每个候选区域运行滑动窗口算法

4. 关于计算机视觉面临的挑战，以下说法正确的是（　　　）。

A. 依赖人工标注海量的图像视频数据，不仅费时费力，而且没有统一的标准，可用的有标注的数据有限，这使机器的学习能力受限

B. 计算机视觉技术的精度有待提高，如在物体检测任务中，当前最好的检测正确率为 66%，这样的结果只能应用于对正确率要求不是很高的场景

C. 提高计算机视觉任务处理的速度迫在眉睫，图像和视频信息需要借助高维度的数据进行表示，这是让机器看懂图像或视频的基础，因此对机器的计算能力和算法的效率提出了很高的要求

D. 以上都是

三、简答题

1. 简述 LRCN 视频分类的流程。
2. 简述神经风格迁移的流程。

3. 简述卷积实现滑动窗口算法的优点。

4. 简述 ROIPooling 的思路。

参考文献

[1] 方莉，张萍. 经典图像去噪算法研究综述 [J]. 工业控制计算机，2010，23(11)：73-74.

[2] Hoffer E, Ailon N. Deep Metric Learning Using Triplet Network[C]// International Workshop on Similarity-based Pattern Recognition. Springer, Cham, 2015.

[3] Chopra S , Hadsell R , Lecun Y . Learning a similarity metric discriminatively, with application to face verification[C]// 2005 IEEE Computer Society Conference on Computer Vision and Pattern Recognition (CVPR'05). IEEE, 2005.

[4] Donahue J , Hendricks L A , Rohrbach M , et al. Long-term Recurrent Convolutional Networks for Visual Recognition and Description[C]// 2015 IEEE Conference on Computer Vision and Pattern Recognition (CVPR). IEEE, 2017:677-691.

[5] Tran D , Bourdev L , Fergus R , et al. Learning Spatiotemporal Features with 3D Convolutional Networks[C]// IEEE International Conference on Computer Vision. IEEE, 2015.

[6] Carreira J , Zisserman A . Quo Vadis, Action Recognition? A New Model and the Kinetics Dataset [C]// 2017 IEEE Conference on Computer Vision and Pattern Recognition (CVPR). IEEE, 2017.

[7] Qiu Z , Yao T , Mei T . Learning Spatio-Temporal Representation with Pseudo-3D Residual Networks [C]// 2017 IEEE International Conference on Computer Vision (ICCV). IEEE, 2017.

[8] Feichtenhofer C , Pinz A , Zisserman A . Convolutional Two-Stream Network Fusion for Video Action Recognition[C]// Computer Vision & Pattern Recognition. IEEE, 2016.

[9] Redmon J , Divvala S , Girshick R , et al. You Only Look Once: Unified, Real-Time Object Detection[J]. IEEE, 2016.

[10] Pang J , Chen K , Shi J , et al. Libra R-CNN: Towards Balanced Learning for Object Detection [C]// 2019 IEEE/CVF Conference on Computer Vision and Pattern Recognition (CVPR). IEEE, 2020.

[11] Girshick R . Fast R-CNN[J]. Computer Science, 2015(4):169-178.

[12] Sun X , Wu P , Hoi S C H . Face Detection using Deep Learning: An Improved Faster RCNN Approach[J]. Neurocomputing, 2018, 299(JUL.19):42-50.

[13] Viola. Robust Real-time Object Detection[J]. International Journal of Computer Vision, 2001, 57(2):87.

[14] Bo W , Ai H , Chang H , et al. Fast rotation invariant multi-view face detection based on real Adaboost[C]// IEEE International Conference on Automatic Face & Gesture Recognition. IEEE,

2004.

[15] D G Lowe. Distinctive image features from scale-invariant keypoints[J]. International Journal of Computer Vision, 2004, 60(2): 91-110.

[16] N Dalal, B Triggs. Histograms of oriented gradients for human detection [C]. Proceedings of IEEE Conference on Computer Vision and Pattern Recognition, San Diego, 2005, 886-893.

[17] T Ojala, M Pietikainen, T Maenpaa. Multiresolution gray-scale and rotation invariant textureclassification with local binary patterns[J]. IEEE Transaction on Pattern Analysis and MachineIntelligence, 2002, 24(7): 971-987.

[18] 李彦冬. 基于卷积神经网络的计算机视觉关键技术研究 [D]. 成都：电子科技大学，2017.

[19] 逄淑超. 深度学习在计算机视觉领域的若干关键技术研究 [D]. 长春：吉林大学，2017.

[20] 陆峰，刘华海，黄长缨，等. 基于深度学习的目标检测技术综述 [J]. 计算机系统应用，2021，30(3)：1-13.

[21] Redmon J, Divvala S, Girshick R, et al. You Only Look Once: Unified, Real-Time Object Detection[J]. IEEE, 2016.

[22] Redmon J, Farhadi A. YOLO9000:better ,faster, stronger[C],IEEE Conf. Computer Vision and Pattern Recognition(CVPR),2017:6517-6525

[23] Redmon J, Farhadi A. YOLOv3: An incremental improvement[C],2018 IEEE Conf. on Computer Vision and Pattern Recognition(CVPR), 2018: 2767-2773.

[24] Ren Shaoqing,He Kaiming,Girshick Ross,Sun Jian. Faster R-CNN: Towards Real-Time Object Detection with Region Proposal Networks.[J]. IEEE transactions on pattern analysis and machine intelligence,2017,39(6).

[25] Girshick R, Donahue J, Darrell T, et al. Rich Feature Hierarchies for Accurate Object Detection and Semantic Segmentation[C]// CVPR. IEEE, 2014.

[26] Pal N R, Pal S K. A review on image segmentation techniques[J]. Pattern Recognit, 1993, 26(9):1277-1294.

[27] K. Simonyan, et al. Two-Stream Convolutional Networks for Action Recognition in Videos[C]. NIPS, 2014.

[28] 赵钰. 基于孪生网络的目标跟踪算法研究 [D]. 哈尔滨：哈尔滨工业大学，2019.

[29] 张丹璐. 结合注意力机制的孪生网络目标跟踪算法研究 [D]. 北京：北京建筑大学，2020.

[30] 龙建武. 图像阈值分割关键技术研究 [D]. 长春：吉林大学,2014.

[31] 张明月. 基于深度学习的图像分割研究 [D]. 长春：吉林大学,2017.

CHAPTER 6

第 6 章

自然语言处理

自然语言是人类逻辑思维的产物,理解和表达自然语言需要较为复杂的处理过程。要实现人与计算机间采用自然语言通信,必须使计算机具备自然语言处理的功能。比尔·盖茨曾说:"语言理解是人工智能领域皇冠上的明珠。"近年来,自然语言处理处于快速发展阶段,数据资源不断扩充,各种新模型、新方法不断涌现,研究工作开始从传统机器学习转向深度学习。

在本章中,主要介绍自然语言处理中的词嵌入算法和注意力机制,阐述文本分类、自动文本摘要和自动问答的相关技术和模型,并对自然语言处理在应用领域的主要模型进行概述和相关分析。

6.1 自然语言处理概述

自然语言处理(Natural Language Processing,NLP)是一门将语言学和计算机科学相结合的交叉学科,其目的是将人类交流、沟通所用的语言经过处理转化为机器能理解的机器语言。作为一种研究语言能力的模型和算法框架,自然语言处理在数据分析领域占有越来越重要的地位。

一般来说,自然语言处理是指以一种智能、高效的方式,对文本数据进行系统化分析、理解与信息提取的过程。可以通过自然语言处理，从文本数据中得到有意义且可行的深层信息，这使大量文本数据的处理或者大量自动化任务的执行变得方便而有效，从而解决语音识别、机器翻译、关系提取以及情感分析等问题。

自然语言处理主要包括两个流程：自然语言理解（Natural language Understanding，NLU）和自然语言生成（Natural Language Generation，NLG）。NLU 的目标是理解语言的含义，不限于单个词汇的含义，整个句子的结构都要被理解；NLG 与之相反，其目标是将需要表达的逻辑关系和内容表示成符合人类规范的语言形式。

6.1.1 发展历史

自然语言的发展是从最初的规则设定发展到统计归纳特征，再发展到现在的以深度学习框架为分析基础的过程。

自然语言处理的发展大致经历了 4 个阶段，即 1956 年以前的萌芽期、1957～1970 年的快速发展期、1971～1993 年的低谷发展期和 1994 年至今的复苏融合期。

1956 年以前，大量的数学、语言学和物理学知识的积累奠定了自然语言处理的理论基础，而计算机的诞生为自然语言处理提供了技术基础。在当时，由于机器翻译的社会需求，也进行了许多自然语言处理的基础研究。1948 年，Shannon 把离散马尔可夫过程的概率模型应用于描述语言的自动机，后来又把热力学中的熵（Entropy）引入语言处理的概率算法中。之后，Kleene 研究了有限自动机和正则表达式。1956 年，Chomsky 提出了上下文无关语法。这些研究工作使自然语言分别朝着基于规则和基于概率两个方向发展。

1957 年之后，自然语言处理融入人工智能的研究领域中，并分为基于规则的符号派（Symbolic）和基于概率的随机派（Stochastic）两大阵营。以 Chomsky 为代表的符号派学者进行了形式语言理论、生成句法以及形式逻辑系统的研究；随机派学者采用了基于贝叶斯方法的统计学研究方法。由于当时多数学者注重研究推理和逻辑问题，只有少数学者研究基于概率的统计方法和神经网络，因此基于规则的研究势头明显强于基于概率的研究势头。这一时期的重要研究成果包括 1959 年宾夕法尼亚大学研制成功的 TDAP 系统，以及布朗美国英语语料库的建立等。1967 年，美国心理学家 Neisser 提出认知心理学的概念，又把自然语言处理与人类的认知联系了起来。

从 20 世纪 70 年代开始，因为自然语言处理未能得到有效应用，且新的问题不断涌现，所以自然语言处理的研究进入了低谷时期。尽管如此，此领域依然取得了一些成果。比如基于隐马尔可夫模型（Hidden Markov Model，HMM）的统计方法应用在语音识别领域并获得了较好的效果，话语分析（Discourse Analysis）也取得了重大进展。同时，有限状态模型和经验主义研究方法也开始复苏。

20 世纪 90 年代中期以后，计算机的运算速度和存储量大幅增加，为自然语言处理提供了更坚实的基础，使语音和语言处理的商品化开发成为可能。与此同时，以互联网的发展为标志的信息化时代使基于自然语言的信息检索和信息抽取的需求变得更加突出，自然语言处理的研究也因此得到了快速发展。2001 年，Bengio 等人利用前馈神经网络提出了第一种神经语言模型。2008 年，Collobert 和 Weston 首次将多任务学习应用于自然语言处理的神经网络。2014 年，Sutskever 等人提出序列到序列模型，即通过神经网络将一个序列映射到另一个序列中。2015 年，注意力机制和基于记忆的神经网络结构等开始应用于自然语言处理问题。2018 年，预训练语言模型又进一步推动了自然语言处理性能的发展。

6.1.2 自然语言处理的过程

自然语言处理一般要经过语料获取、语料预处理、特征工程、模型训练、结果评价几个阶段。

1. 语料获取

语料，即语言材料，一般用文本来表示语言，并用文本中的上下文关系来表示语言的上下文关系。语料库（corpus）就是一个文本集合。现实中，很多部门/单位都积累了大量纸质或电子文本资料。将纸质资料电子化并稍加整合，就可以将其作为研究用的语料库。若研究人员没有这类数据，也可以选择采用国内外的标准开放数据集,或者到互联网上搜索或抓取一些数据,如表6.1所示。

表 6.1 语料库列表

语料库	链接
宾州大学语料库	https://www.ldc.upenn.edu/
Wikipedia XML 语料库	http://www-connex.lip6.fr/~denoyer/wikipediaXML/
中英双语知识本体词网	http://bow.ling.sinica.edu.tw/
古滕堡语料库	http://www.gutenberg.org/
搜狗实验室新闻互联网数据	http://www.sogou.com/labs/
北京大学语言研究中心	http://ccl.pku.edu.cn/term.asp
数据堂	http://www.datatang.com/

2. 语料预处理

在完整的自然语言处理工作中,语料预处理会占整个过程50%～70%的工作量。语料预处理主要包括数据清洗、分词、词干提取、词性标注、去停用词等工作。

数据清洗就是在语料中找到有效的内容,并把不感兴趣或者没用的内容清洗、删除掉,包括提取标题、摘要,去除广告、注释等工作。常见的数据清洗方式有人工去重、标注、正则表达式匹配、根据词性和命名实体提取、编写脚本或者代码批处理等。

文本处理的最小单位是词或者词语,因此需要将文本进行分词。常见的分词算法有字符串匹配、基于理解、基于统计和基于规则等。

英文单词经常会因为加了前缀或后缀而产生多种不同的形式,但是含义是相似的,所以需要提取词干,将单词还原为其基本形式,从而减少冗余单词,降低单词数。例如,有protecting、protected、protects和protection 4个单词,对它们进行词干提取后,得到其词干为protect。

词性标注是一个经典的序列标注问题。通过给每个词或者词语打上标签,可以让文本融入更多有用的语言信息。常见的词性标注方法包括基于规则和基于统计的方法,其中基于统计的方法包括最大熵、最大概率输出和隐马尔可夫模型等。

停用词一般指对文本特征没有任何贡献的字词，比如标点符号、语气词等。去停用词的标准不是一成不变的，要根据具体场景来决定。比如，在情感分析中，语气词、感叹号需要保留，因为它们对表示语气、感情色彩有一定的意义。

3. 特征工程

自然语言处理的特征工程就是向量化，即需要把预处理之后的词表示成计算机能够计算的类型——向量。在一个实际问题中，构造好的特征向量是指合适的、表达能力强的特征。使用特征选择能够找出一个保留语义信息的特征子集，但也会丢失部分语义信息。所以特征选择是一个很有挑战的过程，依赖于丰富的经验和专业知识。

4. 模型训练

在选择好特征向量之后，接下来就是训练模型。对于不同的应用需求，可以使用不同的模型。传统的模型包括有监督和无监督等机器学习模型，如 KNN、SVM、朴素贝叶斯、决策树、GBDT、K-means 等；深度学习模型有 CNN、RNN、LSTM、Seq2Seq、FastText、TextCNN 等。

5. 结果评价

训练好的模型在上线之前要进行必要的评估，确保模型对语料具备较好的泛化能力。可以通过错误率、准确率、精确度、召回率、ROC 曲线和 AUC 曲线等参数进行评估。模型测试通过后，才可以上线应用。

6.1.3 基础技术

自然语言处理的基础研究包括词法分析、句法分析、语义分析和语境分析、篇章分析等分析方法以及词义消歧（Word Sense Disambiguation，WSD）、指代消解（coreference resolution）、命名实体识别（Named Entity Recognition，NER）等技术手段。

词法分析主要是对分词进行词性标注和词义标注。词性标注就是判断分词的语法范畴，确定其词性并进行标注，重点是确定兼类词和未知词的词性。词义标注是确定多义词在具体语境中的含义，通常是先确定语境，再明确词义，其方法和词性标注类似。

句法分析主要是指判断句子的句法结构和组成成分并明确它们之间的关系。句法分析通常有完全句法分析和浅层句法分析两种。完全句法分析的目标是得到一个句子的完整句法树，但这项工作存在两个难点——词性歧义和指数级的搜索空间。浅层句法分析也称为部分句法分析或语块分析，其目标是识别出动词短语、非递归的名词短语等结构相对简单的语块，并分析出语块之间的依存关系。

语义分析是在词法分析和句法分析的基础上，推导出句子的真实含义，将自然语言转化为计算机能够理解的语言形式。

篇章分析则是将研究扩展到句子的界限之外，目标是对段落和整篇文章进行理解和分析，研究和分析语言使用者的真正用意，而这又与分析者的知识涵养、言语行为、想法和意图是分不开的。情景语境和文化语境是语境分析涉及的主要方面。

词义消歧既要把握通用词语一词多义的含义及应用，还要考虑具体场景，运用相关知识库和语料库来进行训练，从而适应多义词的使用。一个词可能有多种不同的意思，不同地区的人可能对一个词有不同的用法，不同行业的人对一个词也会有不同的理解，甚至不同群体、不同个人、不同语气都会影响对一个词的解读。

指代消解主要用于解决多个指称对应同一实体对象的问题。它以句法分析为基础，将指称项关联（合并）到正确的实体对象。

命名实体识别的任务一般就是识别出待处理文本中具有特定意义的专有名词，包括人名、地名、日期、时间、货币等，通常包括实体边界识别和确定实体类别两部分。

中文的自然语言处理

在自然语言处理的过程中，由于中文与西方语言在语法习惯、常用句型和词语构成等方面存在巨大的差异，因此实现中文的自然语言处理比实现西方语言的处理难度更大。中文的自然语言处理过程与西方语言处理过程差异最大的地方就是分词处理和问题分类,这是中文自然语言处理的关键步骤。分词处理的结果会直接影响后续步骤对于问题分析的理解程度,最终将影响正确分析用户真实意图的准确性。

6.1.4 词嵌入算法

1. One-Hot 编码

One-Hot 编码即独热编码,也称为一位有效编码,其方法是使用 N 位状态寄存器对 N 个状态进行编码。每个状态都有独立的寄存器位,并且在任何时候只有一位有效。

例如,一个词汇表中有 [a, abandon, ⋯, zealous] 共 10 000 个词,则可将该词汇表看成 10 000×1 的向量。使用 One-Hot 编码,样本中的每个单词都可以表示成 10 000×1 的向量,词汇表中对应的位置为 1,其他位置为 0,即 a 为 [1,0,0, ⋯,0],abandon 为 [0,1,0, ⋯,0],zealous 为 [0,0,0, ⋯,1],分别用 $\boldsymbol{O}_1$、$\boldsymbol{O}_2$、$\boldsymbol{O}_{10\,000}$ 表示。

每句话的末尾需要加上 <EOS> 作为语句结束符。若语句中有词汇表中没有的单词,用 <UNK> 表示。

Lily will go to Taian to climb the Mountain Tai.

假设单词 Taian 不在词汇表中,则:

Lily will go to <UNK>to climb the Mountain Tai.<EOS>

2. 特征表征

使用 One-Hot 编码表征单词的最大缺点就是每个单词都是独立的、正交的,无法知道不同单词之间的相似程度。例如,Man 和 Woman 都是人,词性相近。但是单从 One-Hot 编码上来看,内积为零,无法知道二者的相似性。这时需要采用特征表征(featurized representation),即使用一个特征向量来表征单词。特征向量的每个元素都是对该单词某一特征的量化描述,量化范围在 [−1,1] 之间。

特征向量的长度依情况而定，特征元素越多，对单词表征得越全面。假设特征向量长度设定为 300，使用特征表征之后，词汇表中的每个单词都可以使用对应的 300×1 的向量来表示。该向量的每个元素表示该单词对应的某个特征值。

如图 6.1 所示，可以得到 Man、Woman、King、Queen、Apple 和 Orange 的特征向量，分别计算 Man 与 Woman、King 与 Queen 的关系：

$$e_{\text{Man}} - e_{\text{Woman}} = \begin{bmatrix} -1 \\ 0.01 \\ 0.03 \\ 0.09 \end{bmatrix} - \begin{bmatrix} 1 \\ 0.02 \\ 0.02 \\ 0.01 \end{bmatrix} \approx \begin{bmatrix} -2 \\ 0 \\ 0 \\ 0 \end{bmatrix}$$

$$e_{\text{King}} - e_{\text{Queen}} = \begin{bmatrix} -0.95 \\ 0.93 \\ 0.70 \\ 0.02 \end{bmatrix} - \begin{bmatrix} 0.97 \\ 0.95 \\ 0.69 \\ 0.01 \end{bmatrix} \approx \begin{bmatrix} -2 \\ 0 \\ 0 \\ 0 \end{bmatrix}$$

	Man	Woman	King	Queen	Apple	Orange
Gender	−1	1	−0.95	0.97	0.00	0.01
Royak	0.01	0.01	0.93	0.95	−0.01	0.00
Age	0.03	0.02	0.7	0.69	0.03	−0.02
Food	0.09	0.01	0.02	0.01	0.95	0.97

图 6.1 特征向量示例图

结果表明 Man 与 Woman 的主要区别是性别，King 与 Queen 也是一样。

特征表征的优点是，根据特征向量能清晰地知道不同单词之间的相似程度，例如 Apple 和 Orange 之间的相似度较高，很可能属于同一类别。

3. 词嵌入

通过单词"类别"化，大大提高了有限词汇量的泛化能力。这种特征化单词的操作称为词嵌入（Word Embedding）。

对海量单词建立词嵌入后,可以减少训练样本的数目。测试时如果遇到训练样本中没有的陌生单词,也可以根据词嵌入的结果查找与其词性相近的单词,从而得到与该单词相关的结果。例如,在命名实体识别中,训练样本为 Xiao Ming is a basketball player,识别出 basketball player 是职业、Xiao Ming 是人名,则可以输入 Xiao Hong is a tennis player 进行测试。因为 tennis player 也是职业,与 basketball player 特征向量接近,很容易就能判断出 Xiao Hong 也是一个人名。词嵌入的这一特性也使很多自然语言处理任务能方便地进行迁移学习。

如图 6.2 所示,输入是 One-Hot 编码向量,隐含层没有激活函数,输出层的维度与输入层的维度一样,并采用 softmax 回归。当训练好这个模型以后,并不会用这个训练好的模型处理新的任务,而是获取通过训练数据所学到的参数,例如隐含层的权重矩阵,即嵌入矩阵 E。某单词 w 的 One-Hot 向量表示为 O_w,则该单词的嵌入向量表达式为:

$$e_w = E \cdot O_w \tag{6.1}$$

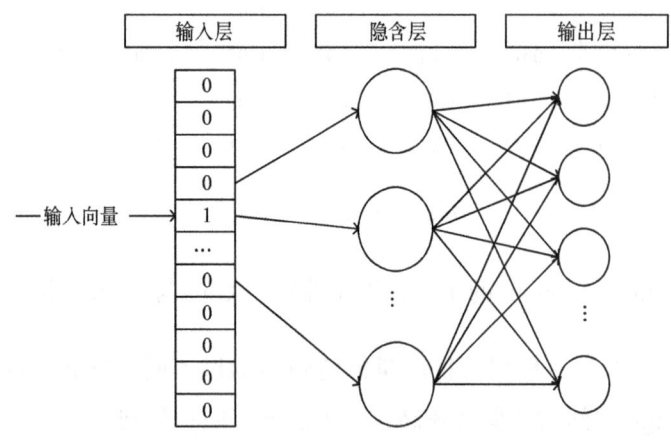

图 6.2 词嵌入算法结构

这样,只要知道了嵌入矩阵 E,就能计算出所有单词的嵌入向量 e_w。负采样(Negative Sampling)是一种求解嵌入矩阵 E 的有效方法,用于判断选取的 context 和 target 是否构成一组正确的 context-target 对。context-target 对一般包含一个正样本和

k 个负样本，正样本的标签为 1，负样本的标签为 0。

词嵌入算法一般分为 Skip-gram 与 CBOW（Continuous Bag-Of-Word，连续词袋）两种模型。如图 6.3 所示，Skip-gram 模型根据中心词来预测上下文的词，CBOW 模型则根据中心词上下文的词来预测中心词，一般把输入称为 context，把输出称为 target。

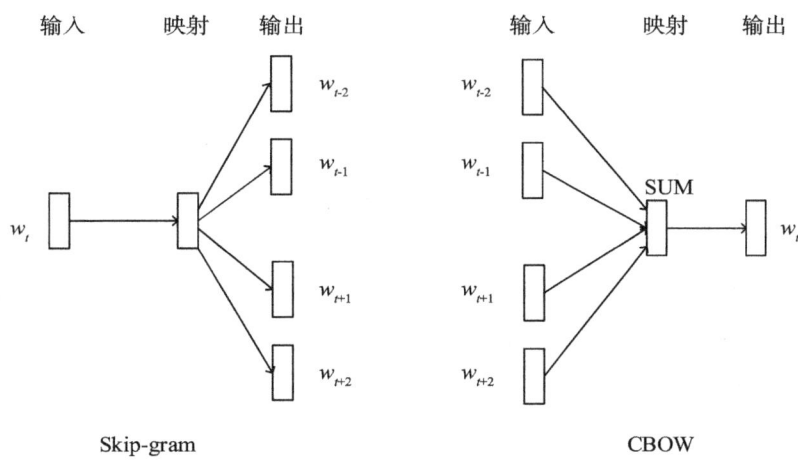

图 6.3　CBOW 和 Skip-gram 模型比较

在 Skip-gram 模型中，首先随机选择一个单词作为 context，然后自定义一个滑动窗，并在 context 附近选择一个单词作为 target。最终得到多个 context-target 对作为监督式学习样本。神经网络将基于这些训练数据输出一个概率分布，模型的输出概率代表词汇库中每个词与 context 同时出现的概率有多大。

假设 context 和 target 均只包含一个词，即利用一个输入词预测一个输出词，类似于二元模型，如图 6.4 所示。

在 CBOW 模型中，输入 context 的 One-Hot 向量，分别乘以共享的输入权重矩阵 W，所得的向量相加求平均作为隐含层向量，再乘以输出权重矩阵 W'，得到向量及相应概率。选择概率最大的单词为预测出的 target，与标签的 One-Hot 编码进行比较，并根据误差更新权重矩阵 W 和 W'。

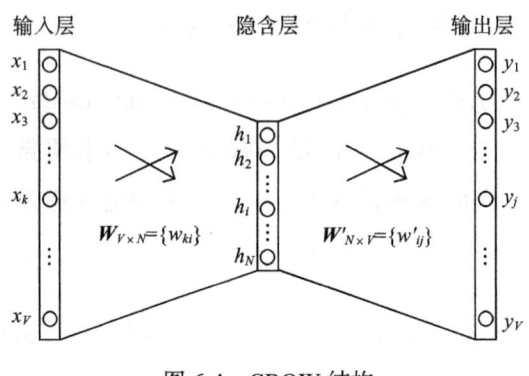

图 6.4　CBOW 结构

6.1.5　N-gram 语言模型

针对自然语言处理中的基本问题，即如何计算一段文本序列在某种语言下出现的概率，统计语言模型给出了一个基本解决框架，即 N-gram 模型。N-gram 是一种基于概率统计的判别模型，在判断句子合理性、句子相似度比较、分词等方面有突出的表现，常用于垃圾邮件分类、机器翻译和语音识别等领域。

N-gram 模型的基本思想是将输入语句按照字节进行大小为 N 的滑动窗口操作，形成长度为 N 的字节片段序列。每个字节片段称为 gram。统计语句中所有 gram 出现的频数，并与语料库中每个 gram 出现的频数进行对比，得到所给语句中每个 gram 出现的概率，从而得到所有单词的联合概率，即语句的概率。

N-gram 本身也指一个由 N 个单词组成的集合。各单词具有先后顺序，且不要求单词互不相同。N 可以取值很大，但一般 Bi-gram（$N=2$）和 Tri-gram（$N=3$）就可以满足需求。例如，在 I love deep learning 这句话里，可以应用的 Bi-gram 和 Tri-gram 如下：

Bi-gram：{I, love}, {love, deep}, {love, deep}, {deep, learning}

Tri-gram：{I, love, deep}, {love, deep, learning}

基于条件概率 $p(AB) = p(A)p(B|A)$，N-gram 模型中句子的概率计算公式为：

$$P(S) = P(A_1A_2\cdots A_n) = P(A_1)P(A_2|A_1)P(A_3|A_2A_1)\cdots P(A_n|A_{n-1}\cdots A_2A_1) \quad (6.2)$$

但是，这种计算方法存在两个缺陷。

一是参数空间过大，计算量太大。因此，引入马尔可夫假设，即一个词的出现仅与它之前的若干个词有关，就可以通过极大似然估计（Maximum Likelihood Estimate，MLE）来计算其中每一项的条件概率。此时，Bi-gram 表示一个词的出现仅依赖于它前面出现的一个词，Tri-gram 表示一个词的出现仅依赖于它前面出现的两个词。

二是数据稀疏严重，有些词同时出现的情况基本不存在。例如，在 Bi-gram 中，若词库中有 2 万个词，那么两两组合就有近 2 亿（$C_{20\,000}^2$）个组合。但是，其中很多组合在语料库中都没有出现，根据极大似然估计得到的组合概率将会是 0，导致整个句子的概率为 0，最终模型只能计算零星的几个句子的概率。大部分的句子算出的概率是 0，这显然是不合理的。因此，要进行数据平滑操作，重新分配整个概率空间，使已经出现过的 N-gram 的概率降低，补充给未曾出现过的 N-gram，从而使所有 N-gram 的概率都不为 0。另外，还需要满足所有 N-gram 的概率之和为 1 的条件。

6.1.6 注意力机制

人类可以通过快速扫描全局文本，获得需要重点关注的区域。然后对这一区域投入更多注意力资源，以获取更多需要关注的目标的细节信息，同时抑制其他无用信息。这是人类在长期进化中形成的一种生存机制，极大提高了人类从大量信息中筛选出高价值信息的效率。注意力（attention）机制本质上类似于人类的注意力焦点，其核心目标也是从众多信息中选出对当前任务目标更关键的信息。因此，注意力机制需要考虑两方面的问题：决定输入中哪部分是重要的；如何将有限的信息处理资源分配给重要的部分。

卷积神经网络和循环神经网络用于自然语言处理任务时尽管效果显著，但不够直观、可解释性不好，尤其是在分析非常不理想的情况（Bad Case）时上述缺点更明显。而注意力机制是自然语言处理领域一个常用的长时间记忆建模机制，能够很直观地给出每个部分对结果的贡献。

1. Seq2Seq 模型

Seq2Seq 是一种适合处理由一个句子（或篇章）生成另外一个句子（或篇章）的通用处理模型。对于句子对 <X, Y>，给定输入句子 X，可以通过 Seq2Seq 框架来生成目标句子 Y。X 和 Y 可以是同一种语言，也可以是两种不同的语言。X 和 Y 分别由各自的单词序列构成。Seq2Seq 模型如图 6.5 所示。

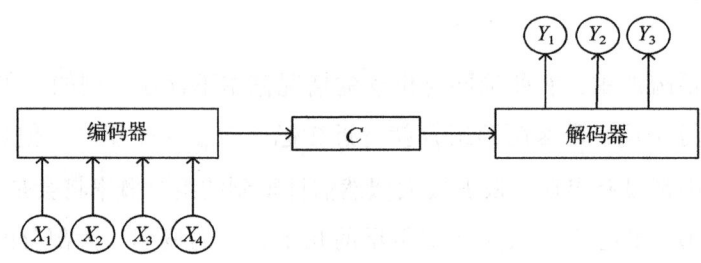

图 6.5　Seq2Seq 模型

涉及的公式如下：

$$Y_1 = f(C) \quad (6.3)$$

$$Y_2 = f(C, Y_1) \quad (6.4)$$

$$Y_3 = f(C, Y_1, Y_2) \quad (6.5)$$

语义编码 C 由句子 X 的每一个单词通过编码器（encoder）产生，f 是解码器（decoder）的非线性变换函数。可以看到，在生成 Y_1、Y_2、Y_3 时，使用的语义编码都是一样的。

2. 引入注意力机制的 Seq2Seq 模型

如图 6.6 所示，在引入注意力机制的 Seq2Seq 模型中，注意力分配模型为不同英文单词分配不同的注意力，即为每个输入分配不同的概率信息。目标句子中的每个单词都应该学会其对应的源语句子中单词的注意力分配概率信息。这意味着在生成

单词 Y_i 时,原本相同的中间语义表示 C 会替换成根据当前生成单词而不断变化的 C_i。理解注意力模型的关键就是固定的中间语义表示 C 换成根据当前输出单词来调整成加入注意力模型的变化的 C_i。涉及的公式如下:

$$Y_1 = f(C_1) \tag{6.6}$$

$$Y_2 = f(C_2, Y_1) \tag{6.7}$$

$$Y_3 = f(C_3, Y_1, Y_2) \tag{6.8}$$

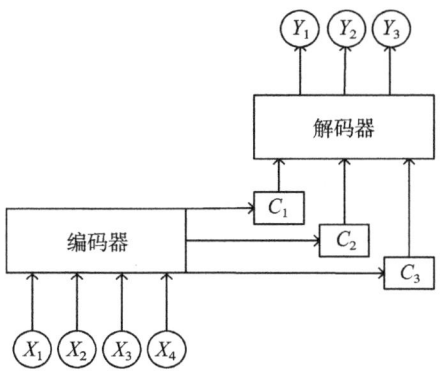

图 6.6 引入注意力机制的 Seq2Seq 模型

3. 注意力分配概率的计算

如图 6.7 所示,翻译句子 Xiao Ming played basketball,此时 X_1 =Xiao Ming,X_2 =played,X_3 =basketball。对应的结果 Y 为:Y_1 = 小明,Y_2 = 打,Y_3 = 篮球。注意力分配概率的计算公式如下:

$$C_i = \sum_{j=1}^{T_X} \alpha_{ij} h_j \tag{6.9}$$

$$h_j = f(x_j) \tag{6.10}$$

其中 T_X 为句子长度,α_{ij} 为 C_i 对应的第 j 个单词的注意力分配概率。函数 f 代表编码器对输入英文单词的某种变换函数。

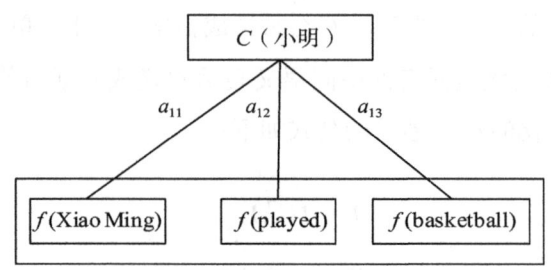

图 6.7 注意力分配示例

如图 6.8 所示,编码器和解码器都使用 RNN 网络,h_j 为编码器的隐含层,H_i 为解码器的隐含层。对于采用 RNN 的解码器来说,如果要生成单词 Y_i,在时刻 i,可以知道在生成 Y_i 之前的隐含层节点在 i 时刻的输出值 H_i。因此,要计算生成 Y_i 时的输入句子单词、对 Y_i 的注意力分配概率,就可以用 H_i 和每个单词对应的 h_j 进行对比,即通过函数 $F(h_j, H_i)$ 来获得目标单词 Y_i 和每个输入单词的关系。函数 F 可采用不同的方法。F 的输出经过 softmax 进行归一化就得到了符合概率分布取值区间的注意力分配概率数值。

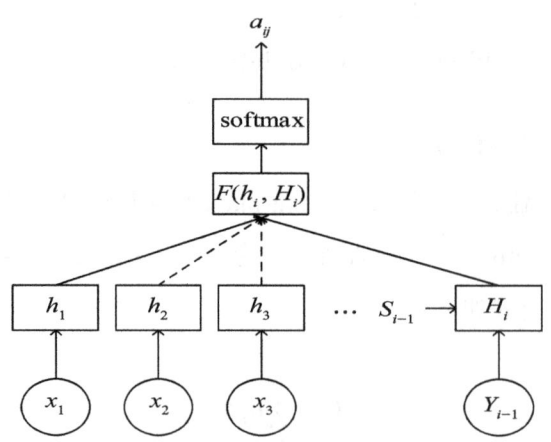

图 6.8 注意力分配概率模型图

大多数注意力模型都采用上述计算框架来计算注意力分配概率信息,区别只是在 F 函数的定义上。

6.2 自然语言处理的应用模型

6.2.1 文本分类

文本分类是自然语言处理经典的使用场景之一,如垃圾邮件识别、情感分析等。主要的分类方法有贝叶斯、SVM 等传统机器学习方法以及 CNN、RNN 等深度学习方法。

在文本分类流程中,首先要对文本进行预处理,包括标记处理、分词、词干提取、去除停用词等一系列操作。这可以提高文本的质量,并减少掺杂的噪声。例如,在垃圾邮件分类中,垃圾邮件中经常会夹杂特殊符号,从而逃避分类器的识别。所以,需要将它们删除,避免干扰分类器性能,同时也可以减少分类负担。

1. FastText

FastText 是 Facebook 公司的人工智能团队在 2016 年开源的一种快速文本分类算法。它能够在保持高精度的情况下加快训练速度和测试速度,且不需要预训练好的词向量。FastText 会自行训练词向量。

FastText 模型的架构和 CBOW 算法相似,不同之处在于 FastText 预测的是标签,而 CBOW 预测的是中间词,即模型架构类似但是模型的任务不同。

如图 6.9 所示,和 CBOW 一样,FastText 模型只有三层,即输入层、隐含层和输出层。输入是多个经向量表示的单词,输出是一个特定的 target。隐含层是对多个词向量的叠加平均。值得注意的是,FastText 在输入时,将单词的字符级别的 N-gram 向量作为额外的特征。在输出时,FastText 采用分层 softmax,大大降低了模型训练时间。

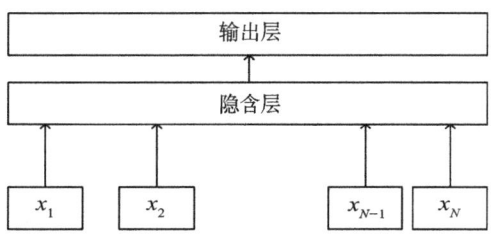

图 6.9 FastText 模型架构图

2. TextCNN

TextCNN 是 Yoon Kim 在 2014 年提出的,其主要思想是将卷积神经网络应用到文本分类任务,同时利用多个不同大小的卷积核来提取句子中的关键信息,从而更好地捕捉局部相关性。

如图 6.10 所示,首先输入数据(I like this movie very much!),经过预处理,每个样本填充为 7 个词,进入 Embedding 层;将句子中每个词按照词表转为索引,再转变成词向量。此处词向量维度为 5,并将其输入模型中。卷积层有 2、3、4 三种尺寸的卷积核。对输入矩阵做卷积运算,每个卷积操作都会得到一个 Feature Map。池化层对每一个 Feature Map 进行最大池化,接着将所有池化得到的特征值拼接到一起,形成单个 Feature Map。下一层将这个 Feature Map 通过全连接的方式连接到一个 softmax 层,进行分类。

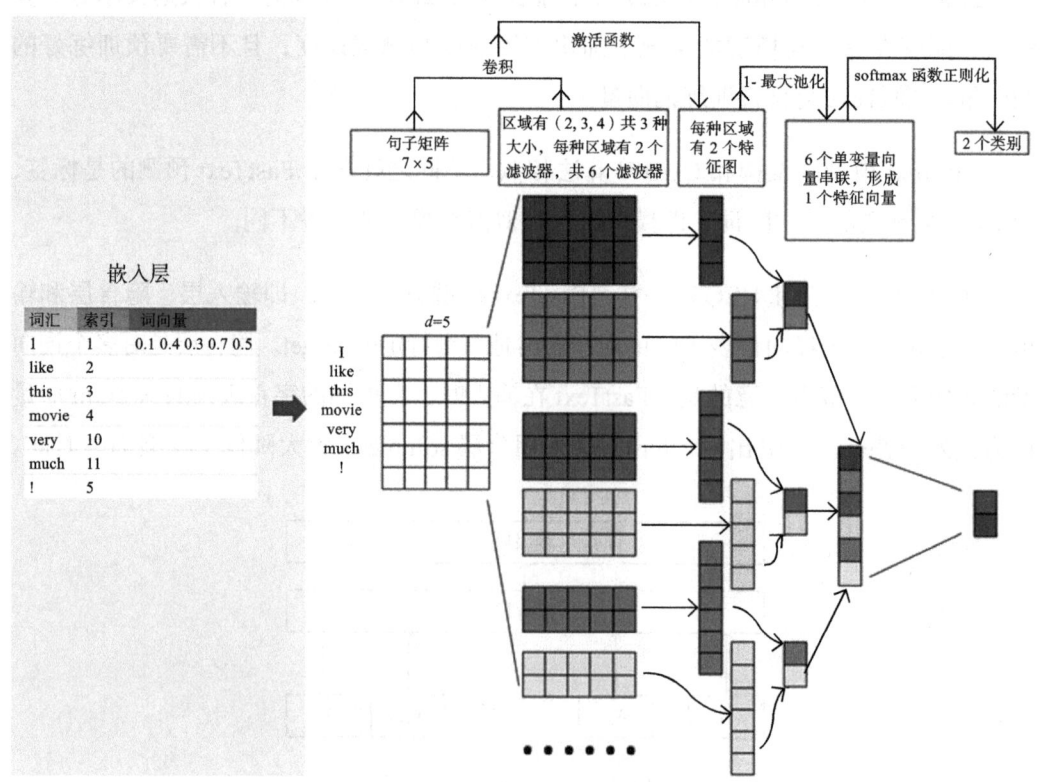

图 6.10　TextCNN 结构图

3. TextRNN

在文本分类任务中，CNN 更适合提取句子中类似于 N-gram 的关键信息，适用于短句子文本。RNN 做文本分类时，擅长捕获变长的 N-gram 信息。基于 RNN 的文本分类模型非常灵活，有多种多样的结构。普通 RNN 在处理较长文本时会出现梯度消失问题，因此实际中常用 LSTM 或 GRU。使用双向 LSTM（Bidirectional LSTM，BiLSTM）还可以捕获变长且双向的 N-gram 信息。

如图 6.11 所示，组合前向和后向构成双向特征，将每个词作为一个时间节点，把词向量作为每个单元的输入，只利用最后一个词的结果进行 softmax 分类输出。

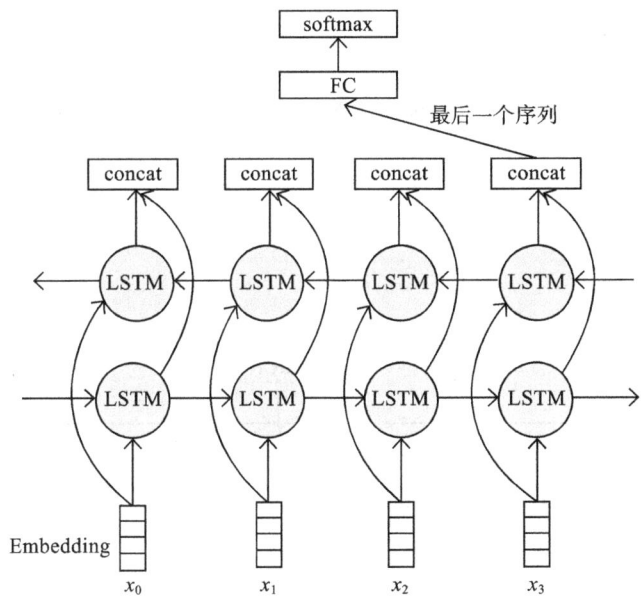

图 6.11　BiLSTM 文本分类结构图

4. TextRNN+Attention

将注意力机制引入 TextRNN 之后，就能够很直观地判断每个词对结果的贡献。

如图 6.12 所示，在 BiLSTM 的模型上加入注意力层。先计算每个时序的权重，然后将所有时序的特征向量进行加权和，结果作为特征向量，最后再进行 softmax 分类。

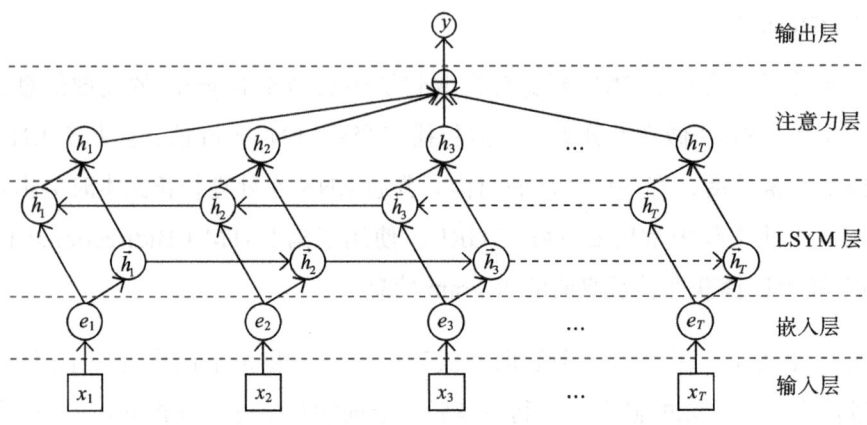

图 6.12 BiLSTM+Attention 文本分类结构图

5. TextRCNN

在实际应用中，还可以将 CNN 和 RNN 混合使用，这就是 RCNN 结构。

如图 6.13 所示，先利用 BiLSTM 得到每个词的前向和后向上下文的表示，这样词的表示就变成词向量和前后向上下文的拼接。之后再利用 TextCNN 进行卷积池化，完成分类。

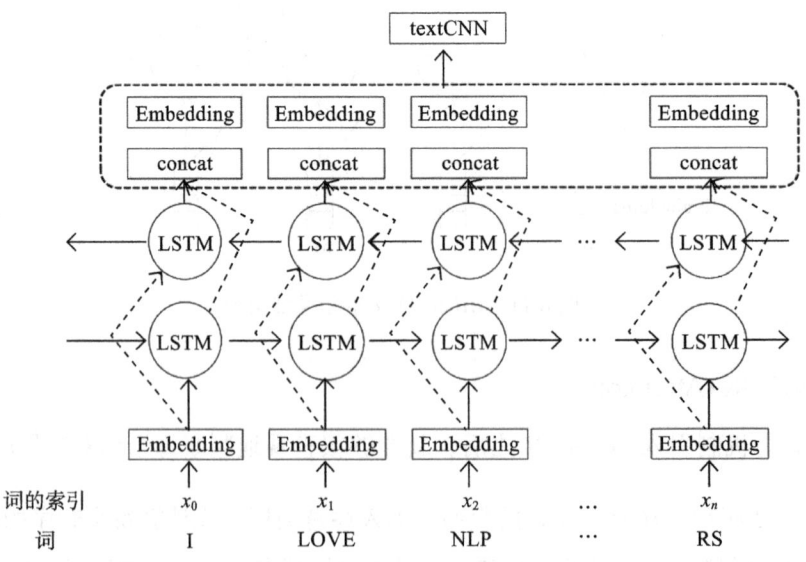

图 6.13 TextRCNN 文本分类示例结构图

6.2.2 自动文本摘要

近年来，文本信息呈爆发式增长。人们每天会接触到海量的文本信息，如新闻、博客、报告、微博等。从大量文本信息中提取重要的内容已成为一个迫切需求，自动文本摘要（Automatic Text Summarization）就提供了一个高效的解决方案。

文本摘要是指从一份或多份原文本中提取出一段包含重要信息的文字。自动文本摘要是指机器可以自动对文本信息进行处理，输出简洁、流畅、保留关键信息的摘要。自动文本摘要应用非常广泛，如自动报告生成、新闻标题生成、搜索结果预览等。

如图6.14所示，文本摘要方法通常分为三类：抽取式（Extractive）、压缩式（Compressive）和理解式（Abstractive）。抽取式摘要通过评估原文中句子的重要性，去除冗余句子，根据长度、字数等约束直接从原文中抽取部分句子，生成一篇摘要。对句子重要性的评估可以根据句子的位置、词频等启发式规则或者TextRank、HITS等图算法以及句子分类等机器学习方法来实现。去除冗余句子一般使用MMR（Maximal Marginal Relevance，最大边界相关）算法。压缩式摘要的核心是对句子进行压缩，既可以先压缩句子再抽取，也可以先抽取句子再压缩，或者二者同时进行。经典方法是ILP（Integer Linear Programming，整数线性规划）。通常对句子中每个词都保留一个二值变量，表示该词是否保留，且每个词都有一个分数，目标就是最大化句子中的词的分数。理解式摘要也称为生成式摘要，这是一种更接近人进行摘要的过程，其原理是先理解原文的意思，再通过转述、同义替换、句子缩写等技术，生成更简洁的摘要。从是否有用户查询的角度来说，可以分为通用型（Generic）摘要和基于用户查询（Query-Oriented）的摘要。其中，后者不仅要求生成的摘要应概括原文的关键信息，还要尽可能与用户查询具有很高的相关性。

伴随深度神经网络的兴起和研究，基于神经网络的生成式文本摘要得到快速发展，并取得了不错的成绩。下面对生成式神经网络进行介绍。

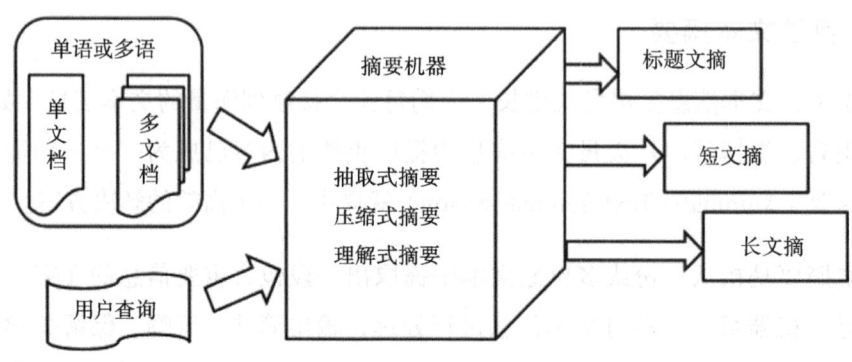

图 6.14　自动文本摘要

1. 基本模型结构

生成式神经网络模型的基本结构是 Seq2Seq 模型。一般使用 CNN 或 RNN 来进行编码和解码。

生成式文本摘要类似于机器翻译。文档 X 作为输入，摘要 y 作为输出，且 y 的长度小于 X。如图 6.15 所示，编码器负责将输入的原文本 Ie chat est noir 编码成一个向量（Context），该向量是原文本的一个表征，解码器负责从这个向量提取重要信息并输出 the cat is black。

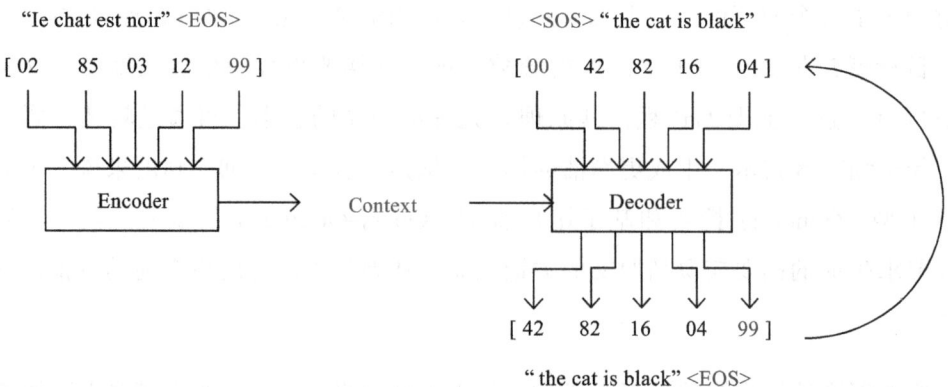

图 6.15　Seq2Seq 模型

2. 基于 RNN 的自动文本摘要

RNN 特别适合处理时序数据，因此基于 RNN 实现 Seq2Seq 架构来处理文本任务是一种很自然的想法。基于 RNN 的典型 Seq2Seq 架构如图 6.16 所示。

以自动回复邮件为例，编码器和解码器分别由 4 层 LSTM 组成。输入文本信息（Are you free tomorrow?）后，编码器生成向量"thought vector"。解码器获得这个向量，并依次解码生成目标文本（Yes, what's up?）。在自动文本摘要任务中，输入为原文本（如新闻），输出为摘要（如新闻标题）。

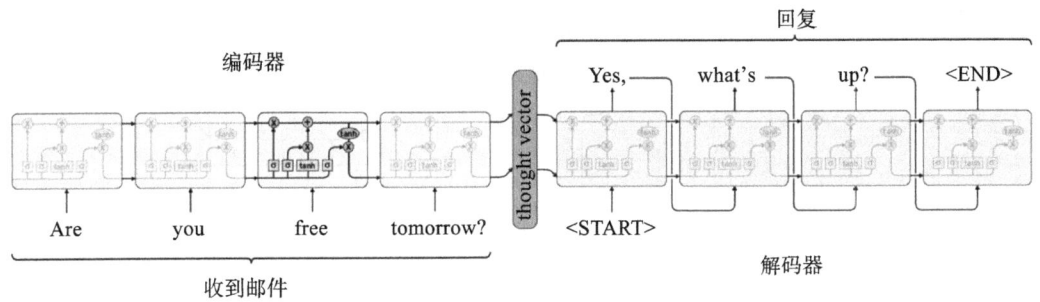

图 6.16　自动回复邮件的 RNN 模型

3. 基于 CNN 的自动文本摘要

由于在 RNN 中下一个时刻的输出依赖上一个时刻的输出，无法在整个序列上并行，否则会引起训练时间过长的问题。Facebook 公司的 AI 实验室提出了 ConvS2S 模型，将 CNN 引入到 Seq2Seq 中，这样既可以处理变长的序列，又可以实现在序列不同位置的并行计算。此外，ConvS2S 可以通过层级结构捕获句子中词语之间的远距离依赖关系，具有处理复杂句子信息的能力。

如图 6.17 所示，在编码器中通过层叠卷积抽取输入源语言序列的特征，在解码器中通过层叠卷积抽取输出目标语言序列的特征。在注意力模块中，对解码器和编码器的输出做点乘，作为输入源序列中每个词的权重。最后，把计算的权重与输入序列相乘，加入解码器的输出中。

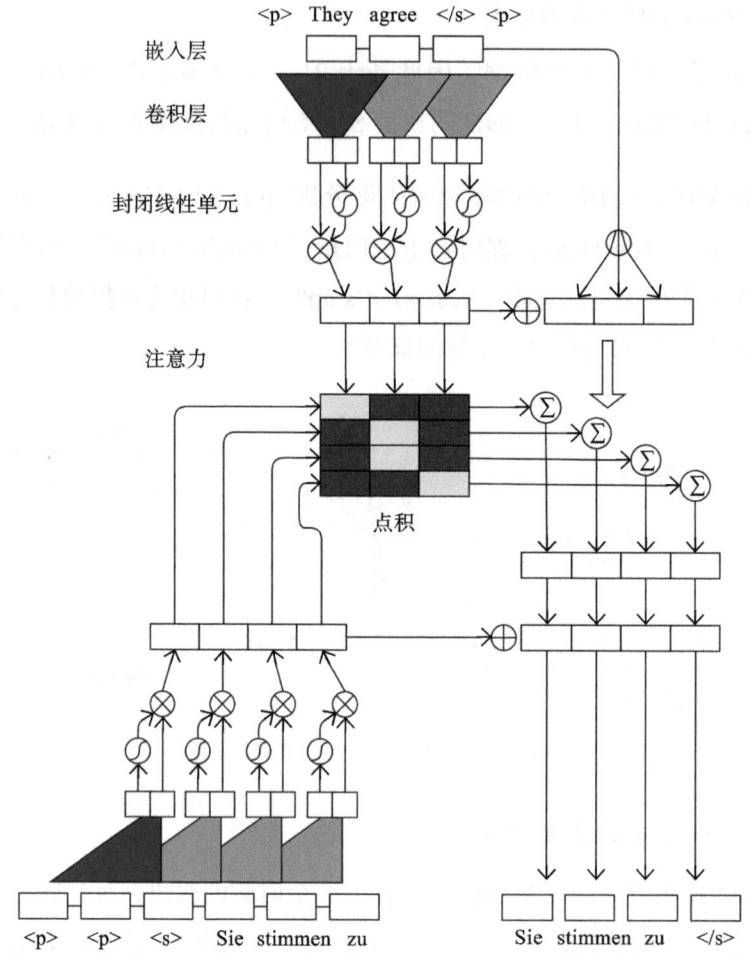

图 6.17 ConvS2S 模型

6.2.3 自动问答系统

自动问答（Question Answering，QA）是指机器可以自动回答用户提出的问题，满足用户的知识需求。这就需要机器可以正确理解用户提出的自然语言问题，抽取其中的关键语义信息，然后在已有的语料库、知识库或问答库中通过检索、匹配、推理的手段获取答案并返回给用户。自动问答分为开放域自动问答和限定域自动问答。开放域是指不限定问题领域，用户可以随意提问，系统从海量数据中寻找答案。限定域是指系统事先声明,只能回答某一个领域的问题,无法回答其他领域的问题。

自动问答系统一般分为三个功能模块,如图6.18所示。

- 问题分析模块:负责对问题进行分析和预处理。
- 信息检索模块:负责搜索查询问题可能的答案。
- 答案抽取模块:负责问题答案的位置锁定。

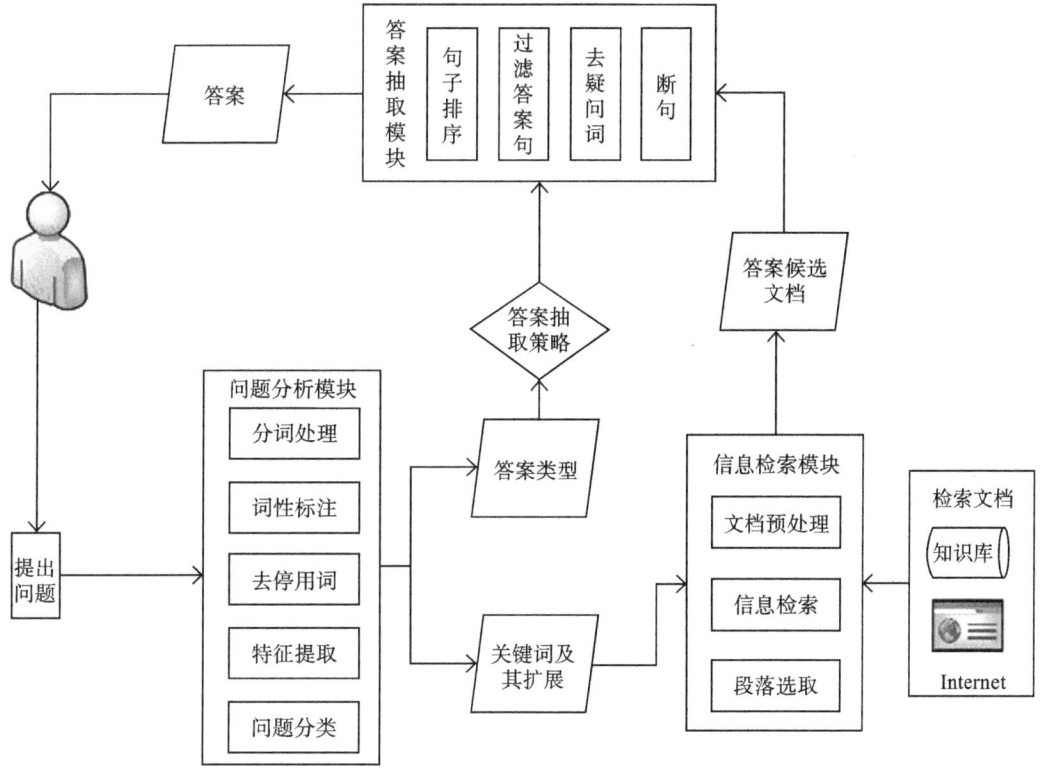

图6.18 典型自动问答系统整体结构

1. 流程

总体来看,一个典型的问答系统包含问题分析、文档和句子检索、答案抽取和生成几个部分。在该体系结构下,系统接收用户的问题并给出反应的一般过程如图

6.19 所示。

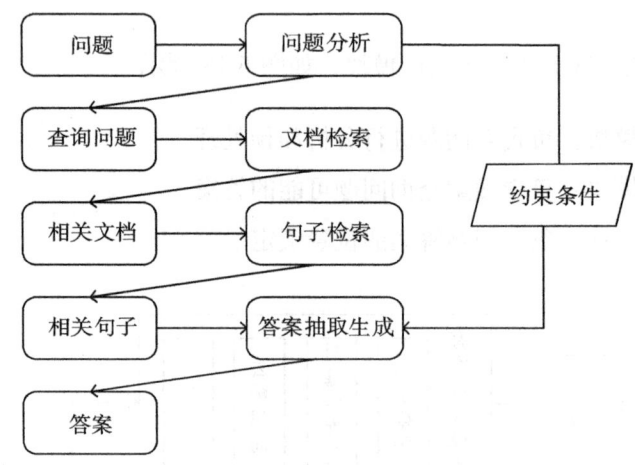

图 6.19　自动问答流程图

问题分析是指给定用户问题。这时，要先理解用户所提出的问题的语义内容，包括命名实体词典的构建、问题抽象和分类等。其中，问题可以分为事实型问题、列举型问题、定义型问题和交互型问题等。之后，自动问答系统在已有的语料库、知识库或问答库中匹配相关的信息，检索到包含答案的文档。接下来，通过句子检索，抽取、生成相应的答案。常见的检索模型有向量空间模型、布尔模型和统计语言模型等。

此外，由于语料库、知识库和问答库不能涵盖所有问题的答案，因此需要在已有的知识体系中通过知识推理获取隐含的答案。例如，语料库中包含某人的出生年月，那么就可以推算他的年龄。

2. 分类

根据目标数据源的不同，自动问答技术大致可以分为三类，即检索式问答、社区问答和知识库问答。

检索式问答以答案检索和抽取为基本过程，根据抽取方法的不同可以分为基于模式匹配的问答方法和基于统计文本信息抽取的问答方法。基于模式匹配的方法一一般先对问题进行分类，通过问题的模式对抽取的候选答案进行验证。基于统计文本信息抽取的问答系统使用词汇链和逻辑形式转换技术，把问题和答案转化成统一的逻辑形式，通过词汇链推理、验证答案。

随着 Web 2.0 的兴起，基于用户生成内容（User-Generated Content，UGC）的互联网服务越来越流行，社区问答系统应运而生。社区问答系统有大量的用户历史行为信息，例如用户投票信息、用户评价信息、回答者的问题采纳率、用户推荐次数、页面点击次数以及用户、问题、答案之间的关联信息等，这些信息对于社区中问题和答案的文本内容分析具有重要的价值。社区问答系统一般就是从大规模历史问答数据中找出与用户提问问题语义相似的历史问题并将其答案返回提问用户。

近年来，基于知识图谱（Knowledge Graph）的研究不断发展。例如，DBpedia、Freebase、YAGO 等，以"实体－关系－实体"三元组为基本单元，将互联网文本内容组织成实体并作为节点，实体之间的语义关系作为边。基于这样的结构化知识，问答系统的任务就是根据用户问题的语义直接在知识库中查找、推理出匹配的答案。这一任务称为面向知识库的问答系统或知识库问答。

6.2.4 触发字检测

随着语音识别的发展，越来越多的设备可以通过声音来唤醒，即触发字检测（Trigger Word Detection）。例如，苹果手机的触发字是"Siri"，百度智能音箱的触发字是"小度"，小米智能音箱的触发字是"小爱同学"。

触发字检测目前还处于发展阶段，还没有一个广泛被认可的最优模型。图 6.20 给出了一个基于 RNN 的算法，其目的是计算出一个音频片段的声谱图特征，得到特征向量或者音频特征 x_1, x_2, x_3, $\cdots$，然后通过 RNN 处理输出目标标签 y。假设在 t 时刻，某人刚刚说完一个触发字，比如 hey siri，那么在训练集中把 t 时刻前的目标标签都设为 0，在 t 时刻把目标标签设为 1。若一段时间之后 t' 时刻，触发字又被说了一次，则再次在 t' 时刻将目标标签设为 1。这种标签方案是可行的，且取得了良好的效果。

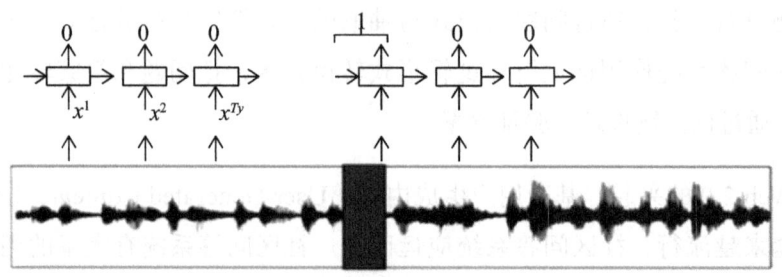

图 6.20 触发字检测示例图

课后习题

一、填空题

1. 自然语言处理一般需要经过语料获取、_____、_____、模型训练、结果评价等阶段。
2. 某单词 w 的 One-Hot 向量表示为 $\boldsymbol{O}_w$，嵌入矩阵为 $\boldsymbol{E}$，则该单词的嵌入向量表达式为_____。
3. Seq2Seq 模型主要由两部分组成：_____和解码器。
4. 通过触发字语音来启动相应的设备的技术是_____。

二、选择题

1. 下面说法不正确的是（　　）。
    A. 使用卷积神经网络能够很好地建立需要的不同语言风格的语言模型
    B. Skip-gram 模型根据中心词来预测上下文的词；CBOW 模型根据中心词上下文的词来预测中心词
    C. 序列模型是根据输入语句进行编解码，生成另外一条完整的语句
    D. N-gram 是一种基于概率统计的判别模型，可以计算一段文本序列出现的概率
2. 关于自然语言处理，以下说法不正确的是（　　）。
    A. 自然语言处理就是以一种智能与高效的方式，对文本数据进行系统化分析、理解与信息提取的过程

B. 自然语言处理包括自动摘要、机器翻译、命名实体识别、关系提取、语音识别，以及主题分割等问题

C. 在自动文本摘要中，因为 RNN 特别适合处理时序数据，因此一定比 CNN 表现更好

D. 自动问答系统是智能的，可以根据某人的出生年月推算出他的年龄

3. 下面不属于 NLP 中数据预处理的是（　　）。

   A. 文本标记处理

   B. 分词

   C. 填补缺失值

   D. 词干提取

三、简答题

1. 简述词嵌入算法的优势。
2. 简述注意力分配概率的计算。
3. 简述指代消解的含义。
4. 简述文本摘要的类别。

参考文献

[1] AMiner. 自然语言处理研究报告 [EB/OL]. [2019-2-22]. https://static.aminer.cn/misc/article/nlp.pdf.

[2] Mikolov T, Chen K, Corrado G, et al. Efficient Estimation of Word Representations in Vector Space[J]. Computer Science, 2013.

[3] Rong X. Word2vec Parameter Learning Explained[J]. Computer Science, 2014.

[4] Kim Y. Convolutional Neural Networks for Sentence Classification[J]. Proceedings of the 2014 Conference on Empirical Methods in Natural Language Processing, 2014.

[5] F Li, Zhang M, Fu G, et al. A Bi-LSTM-RNN Model for Relation Classification Using Low-Cost Sequence Features[J]. Eprint Arxiv, 2016.

[6] Raffel C, Ellis D. Feed-Forward Networks with Attention Can Solve Some Long-Term Memory Problems[J]. Eprint Arxiv, 2015.

[7] Wang R, Li Z, Cao J, et al. Convolutional Recurrent Neural Networks for Text Classification[C]. International Joint Conference on Neural Networks (IJCNN), 2019.

[8] Nallapati R, Zhou B, Santos C, et al. Abstractive Text Summarization Using Sequence-to-Sequence RNNs and Beyond[C]. Proceedings of the 20th SIGNLL Conference on Computational Natural Language Learning, 2016:280-290.

[9] Peng Z, Wei S, Tian J, et al. Attention-Based Bidirectional Long Short-Term Memory Networks for Relation Classification[C]. Proceedings of the 54th Annual Meeting of the Association for Computational Linguistics, 2016:207-212.

[10] Gehring J, Auli M, Grangier D, et al. Convolutional Sequence to Sequence Learning[J]. Eprint Arxiv, 2017.

[11] 程颖涛. 基于深度学习的自然语言处理中问题分析的研究 [D]. 西安：西安邮电大学，2018.

[12] 李鑫鑫. 自然语言处理中序列标注问题的联合学习方法研究 [D]. 哈尔滨：哈尔滨工业大学，2014. DOI:10.7666/d.D594293.

[13] 彭湃. 自然语言处理—中文词和短文本向量化的研究 [D]. 武汉：华中师范大学，2019.

[14] 邵镛. 基于深度学习的中文实体关系提取研究 [D]. 长春：吉林大学，2020.